事業者必携

◆障害福祉事業者のための◆
障害福祉サービスと申請手続きマニュアル

行政書士
若林 美佳 監修

三修社

本書に関するお問い合わせについて

　本書の記述の正誤に関するお問い合わせにつきましては、お手数ですが、小社あてに郵便・ファックス・メールでお願いします。大変恐縮ですが、お電話でのお問い合わせはお受けしておりません。内容によっては、お問い合わせをお受けしてから回答をご送付するまでに１週間から２週間程度を要する場合があります。

　なお、本書でとりあげていない事項についてのご質問、個別の案件についてのご相談、監修者紹介の可否については回答をさせていただくことができません。あらかじめご了承ください。

はじめに

　障害者に関係する法律や制度は、近年、さまざまな改正がなされています。これは、多様化する障害者に対応するため、障害福祉サービスを整備し、障害者も平等に社会において生活できる基盤を作るためです。そこで、障害福祉サービスを提供する事業者は、障害福祉サービスの内容や提供するための必要な手続きについて、十分に理解しておく必要があります。

　本書は、障害福祉サービスの提供を考えている事業者を対象に基本事項を解説しています。障害者総合支援法の基本的な知識だけでなく、都道府県などから指定を受けるための手続きや申請書類の作成に必要となる知識などもとりあげています。

　第1章では、障害者総合支援法の基礎知識について記載しています。障害者総合支援法は障害福祉サービスの基本となる事項を定めている重要な法律です。第2章では、自立支援給付の具体的な内容について取り上げています。第3章で、支援事業をはじめるための手続きや申請書類などについても解説しています。第3章では、書式記載例を掲載し、より具体的なイメージできるようにしています。第4章で、成年後見制度や障害年金、各種手当や税金面の軽減など、障害者や事業者を支援するその他の制度について解説しています。

　本書は、重度訪問介護における入院時の支援の追加や2019年4月から変更されたサービス管理責任者の研修要件の変更など、2018年の法改正や最新の実務動向にも対応しています。本書を活用していただくことで、障害者総合支援法をはじめとする障害福祉サービスについて理解を深め、実際の申請手続に活用していただけることを祈念します。

監修者　行政書士　若林　美佳

Contents

はじめに

第1章　障害者総合支援法の基礎知識

1　障害者をめぐる法律について知っておこう　　　　　　　　　　10

2　サービスの当事者について知っておこう　　　　　　　　　　　13

3　障害者総合支援法に基づく支援について知っておこう　　　　　15

4　地域生活支援事業について知っておこう　　　　　　　　　　　21

5　相談支援事業について知っておこう　　　　　　　　　　　　　25

6　成年後見制度利用支援事業とはどんなものなのか　　　　　　　27

7　意思疎通支援事業について知っておこう　　　　　　　　　　　29

8　日常生活用具給付等事業ではどんな給付を受けることができるのか　31

9　障害者総合支援法の居住サポート事業について知っておこう　　33

10　地域活動支援センターの活動について知っておこう　　　　　　36

11　障害福祉サービスと介護保険の関係について知っておこう　　　38

第2章　さまざまな支援サービスのしくみと手続き

1　サービスはどのように利用するのか　　　　　　　　　　　　　44

2　居宅介護について知っておこう　　　　　　　　　　　　　　　50

3　重度訪問介護について知っておこう　　　　　　　　　　　　　52

4　同行援護について知っておこう　　　　　　　　　　　　　　　54

5　行動援護について知っておこう　　　　　　　　　　　　　　　56

6	重度障害者等包括支援について知っておこう	58
7	短期入所について知っておこう	60
8	施設入所支援について知っておこう	62
9	療養介護について知っておこう	64
10	生活介護について知っておこう	66
11	自立訓練について知っておこう	68
12	就労支援について知っておこう	70
13	自立生活援助・就労定着支援について知っておこう	76
14	共同生活援助について知っておこう	78
15	医療支援のサービスについて知っておこう	80
16	補装具等の支援について知っておこう	83
17	障害児に対するサービスについて知っておこう	87
18	サービス利用のための負担について知っておこう	95
19	医療型個別減免について知っておこう	97
20	高額障害福祉サービス費について知っておこう	99
21	食費・光熱費など軽減措置について知っておこう	102
22	障害福祉サービスの利用手続きと障害支援区分について知っておこう	106
23	サービスの利用計画を作成する	113
24	支給決定や障害支援区分の認定に不服がある場合にはどうする	115
25	モニタリングについて知っておこう	117
Column	障害者施設における金銭管理	120

第3章　障害福祉サービス事業の申請手続きと書式

1　障害福祉サービス事業開始の手続きについて知っておこう　　122

2　サービス管理責任者について知っておこう　　132

3　事業者の法定代理受領制度とはどんな制度なのか　　134

4　障害者優先調達推進法について知っておこう　　136

5　居宅介護の指定基準と申請手続き　　138
　　書式1　指定申請書（居宅介護）　　141
　　書式2　指定に係る記載事項（居宅介護）　　142

6　療養介護の指定基準と申請手続き　　143
　　書式3　指定申請書（療養介護）　　146
　　書式4　指定に係る記載事項（療養介護）　　147

7　生活介護の指定基準と申請手続き　　148
　　書式5　指定申請書（生活介護）　　151
　　書式6　指定に係る記載事項（生活介護）　　152

8　短期入所サービスの指定基準と申請手続き　　153
　　書式7　指定申請書（短期入所）　　156
　　書式8　指定に係る記載事項（短期入所、福祉型）　　157

9　重度障害者等包括支援の指定基準と申請手続き　　158
　　書式9　指定申請書（重度障害者等包括支援）　　161
　　書式10　指定に係る記載事項（重度障害者等包括支援）　　162

10　共同生活援助の指定基準と申請手続き　　163
　　書式11　指定申請書（共同生活援助）　　166
　　書式12　指定に係る記載事項（共同生活援助）　　167

11　自立訓練（機能訓練）の指定基準と申請手続き　　169

| 書式13 | 指定申請書（機能訓練） | 172 |
| 書式14 | 指定に係る記載事項（機能訓練） | 173 |

12 自立訓練（生活訓練）の指定基準と申請手続き　174

| 書式15 | 指定申請書（生活訓練） | 177 |
| 書式16 | 指定に係る記載事項（生活訓練） | 178 |

13 就労移行支援の指定基準と申請手続き　179

| 書式17 | 指定申請書（就労移行支援） | 182 |
| 書式18 | 指定に係る記載事項（就労移行支援） | 183 |

14 就労継続支援の指定基準と申請手続き　184

| 書式19 | 指定申請書（就労継続支援、Ｂ型） | 188 |
| 書式20 | 指定に係る記載事項（就労継続支援、Ｂ型） | 189 |

15 児童発達支援の申請手続き　190

| 書式21 | 障害児通所支援指定申請書 | 192 |
| 書式22 | 付表2 児童発達支援事業所の指定に係る記載事項 | 193 |

16 医療型児童発達支援の申請手続き　194

| 書式23 | 障害児通所支援指定申請書 | 196 |
| 書式24 | 付表3 医療型児童発達支援事業所の指定に係る記載事項 | 197 |

17 放課後等デイサービスの申請手続き　198

| 書式25 | 障害児通所支援指定申請書 | 200 |
| 書式26 | 付表4 放課後等デイサービス事業所の指定に係る記載事項 | 201 |

18 居宅訪問型児童発達支援の申請手続き　202

| 書式27 | 障害児通所支援指定申請書 | 204 |
| 書式28 | 付表6 居宅訪問型児童発達支援事業所の指定に係る記載事項 | 205 |

19 保育所等訪問支援の申請手続き　206

| 書式29 | 障害児通所支援指定申請書 | 208 |
| 書式30 | 付表5 保育所等訪問支援事業所の指定に係る記載事項 | 209 |

20	入所支援の申請手続き	210
	書式31 障害児入所支援指定申請書	212
	書式32 付表8 障害児入所支援（福祉型障害児入所施設）の指定に係る記載事項	213
	書式33 障害児入所支援指定申請書	214
	書式34 付表9 障害児入所支援（医療型障害児入所施設）の指定に係る記載事項	215
21	その他障害児の相談支援の申請手続き	216
	書式35 指定申請書	218
	書式36 付表 指定に係る記載事項	219
Column	工賃って何？	220

第4章　知っておきたい！　障害者をサポートする制度

1	成年後見制度とはどんな制度なのか	222
2	法定後見制度の内容を知っておこう	224
3	任意後見制度の内容について知っておこう	226
4	後見人等を監視する制度もある	228
5	法定後見制度の申立手続きについて知っておこう	231
6	障害をもった人が生活保護を受けるには	235
7	手当や税金面の軽減について知っておこう	239
8	障害年金はどんなしくみになっているのか	242
9	障害基礎年金のしくみと受給額について知っておこう	247
10	障害厚生年金のしくみと受給額について知っておこう	250
11	提出書類を用意するときに気をつけること	253
Column	社会福祉法人による障害者支援	255

第1章

障害者総合支援法の
基礎知識

1 障害者をめぐる法律について知っておこう

障害者を守るために成年後見制度の利用も考えるとよい

● 障害者福祉の基本法と障害者総合支援法

　障害者福祉に関する基本的な施策や、その施策を決定する際の原則を定めている法律として、障害者基本法があります。

　障害者基本法では、障害者の自立や社会参加の支援などの施策の基本となる事項を定めています。この法律で定められた基本理念をベースにして、障害者の定義や障害者手帳の認定、交付などを定めた身体障害者福祉法や知的障害者福祉法、児童福祉法などの法律があります。さらに、障害者に対して、支援する福祉サービスを具体的に定めた障害者総合支援法があります。

　障害者基本法は、障害の有無にかかわらず等しく個人として尊重されること、障害の有無によって差別されることなく共生する社会を実現することを基本理念にしています。つまり、障害の有無によらず、障害者があらゆるところで社会参加する機会があり、障害者が自立するための支援が実現するようさまざまな規定が存在します。

　国や地方公共団体は、障害者の自立や社会参加の支援などのための施策を総合的かつ計画的に実施する責務があります。また、国民は、障害者基本法がめざす基本原則を理解することに努めなければなりません。

　基本施策ごとに障害者の自立や社会参加の支援のために必要な基本事項も規定しています。基本施策とは、医療、介護、年金、教育、療育、職業相談、雇用の促進、住宅の確保などがあります。障害者が生活する上で、最も基本となる部分であり、障害の有無によらず等しく必要な施策を受けることができるようにしています。また、手話や点

字などのコミュニケーションの手段を確保し、適切に情報を取得・利用できるよう配慮すべきであると規定しています。

障害者基本法における障害者の定義は、身体障害者、知的障害者、精神障害者（発達障害者を含む）だけではありません。その他の心身の機能の障害があり、障害や社会的障壁により継続的に日常生活、社会生活に制限を受ける状態にある者も障害者として定義されています。

● 障害者総合支援法

障害者に対する支援でもっとも中心的な法律が、障害者総合支援法です。障害者総合支援法はそれまで施行されていた障害者自立支援法の内容や問題点をふまえた上で、障害者の日常生活を総合的に支援するために制定された法律です。障害者総合支援法の目的として、障害者に対する福祉サービスの提供などについて、一元的に取り扱うことで、国の統一的・画一的な基準の下に、障害福祉サービスが行われることを保障し、障害福祉サービスの総合的な管理を可能にすることが挙げられます。また、障害福祉サービスは、あくまでも障害者自身が一定程度の経済的負担の下に成り立っている制度です。そのため、特

■ 障害者福祉について定めるさまざまな法律

※他にも発達障害者支援法や児童福祉法などの法律がある

第1章　障害者総合支援法の基礎知識　11

に、所得の低い障害者や、所得に比べて高額な支援が必要な障害者に対する負担軽減に関する法制度の整備も重要な目的のひとつです。

◉ その他にどんな法律があるのか

　障害者総合支援法や障害者基本法をベースとして、それぞれの障害者に応じた法律も制定されています。たとえば、知的障害者福祉法は、知的障害をもつ障害者への支援に関して、実施機関や障害者入所施設などへの入所措置、費用などについて規定しています。身体障害者福祉法は、身体障害者の自立と社会経済活動への参加を促すことを目的とした法律です。児童福祉法は児童の育成に関する施設や責任、障害児に対する支援について定めています。

　さらに、障害者が自立した社会生活を送るために、障害者雇用促進法により、障害者が雇用の機会を得ることができる環境を整備するとともに、障害者を雇用する事業者が負う義務についても規定を置いています。

　比較的新しく制定された法律として、障害者虐待防止法や障害者優先調達推進法、障害者差別解消法などの法律もあります。とくに障害者虐待防止法は、障害者虐待を防止する重要な法律です。「擁護者」「障害者福祉施設従事者など」「使用者」による虐待を対象にしています。障害者虐待の類型として、①身体的虐待、②放棄・放置、③心理的虐待、④性的虐待、⑤経済的虐待の5つに分類した上で、これらの虐待の禁止と、虐待発生時の報告のしくみなどについて規定しています。

　なお、障害福祉の充実は国際的な取り組みであり、国連において障害者権利条約が採択されたことも、我が国の障害者福祉を推進する重大な背景になっています。

2 サービスの当事者について知っておこう

市町村が主体となってサービスを提供する

◉ 障害福祉サービスを提供するのは

　障害福祉サービスのうち、介護給付費の給付、自立支援医療費の給付、市町村地域生活支援事業の策定、市町村障害福祉計画の策定などは、市町村の役割です。

　また、育成医療と精神通院医療に関するサービスや、障害福祉サービス事業者の指定、障害者介護給付費不服審査会の設置などは都道府県の役割です。

　これに加えて、都道府県は、障害福祉サービスを提供する事業者に対しての指導・監督を行う権限を有します。そのため、事業者が虚偽の事実を報告するなど不正な手段によって事業者の指定を受けた場合や、事業者が障害福祉サービスに関して不正を行っていたことが発覚した場合には、都道府県は指定の効力を取り消すという措置をとることができます。

◉ 障害福祉サービスを受けることができる障害者の対象

　障害福祉サービスの給付の対象者は、以下のいずれかに該当する人です。給付を希望する人は市町村に申請し、障害の程度や支給の要否について審査を受けます。障害者総合支援法の制定により、障害者の範囲に一定の難病患者が加わっています。

① **障害者**

　障害者とは、18歳以上の以下に該当する者のことです。

・身体障害者

　身体障害者福祉法に規定されている肢体不自由、視覚障害、聴覚障

第1章　障害者総合支援法の基礎知識　13

害、などの障害をもつ者のことです。

・知的障害者
・精神障害者、発達障害者

　精神障害者とは、統合失調症、精神作用物質による急性中毒などの精神疾患を有する者のことです。発達障害者とは、自閉症、アスペルガー症候群、学習障害などにより、日常生活上、制限を受ける者のことです。

② 障害児

　児童とは、満18歳に満たない者のことです。身体に障害のある児童、知的障害のある児童、精神に障害のある児童（発達障害者支援法所定の発達障害児を含む）が対象になります。

● 難病患者も障害者に含まれるのか

　難病患者とは、治療方法が確立していない疾病や特殊な疾病に罹っている者です。

　2018年4月現在、359の疾病が難病として指定を受けています。

　難病等による障害の程度が、「特殊の疾病による障害により継続的に日常生活または社会生活に相当な制限を受ける程度」と認められる場合に、障害者総合支援法の障害者として扱われることになります。

■ 障害者

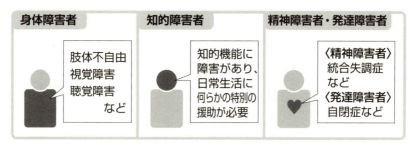

3 障害者総合支援法に基づく支援について知っておこう

自立支援給付と地域生活支援事業が支援の柱

◉ 自立支援給付の内容

　障害者総合支援法が定める障害者への福祉サービスは、自立支援給付と、地域生活支援事業に大きく分けられます。

　自立支援給付とは、在宅で利用するサービス、通所で利用するサービス、入所施設サービスなど、利用者へ個別給付されるサービスです。自立支援給付には、介護給付費、訓練等給付費、特定障害者特別給付費（補足給付）、計画相談支援給付費、補装具費、高額障害福祉サービス等給付費、地域相談支援給付費、療養介護医療費、自立支援医療費、があります。

　障害福祉サービスにおいて中心的な役割を果たしているのが介護給付費と訓練等給付費です。介護給付費や訓練等給付費は、サービスの給付を希望する人が市町村に申請します。申請を受けた市町村は、障害支援区分の認定と支給要否の決定を行います。支給することが妥当であると市町村から認定されると、サービスを受ける本人が、都道府

■ 介護給付と訓練等給付に含まれるサービス …………………………

介 護 給 付

・居宅介護　　・生活介護
・重度訪問介護　・短期入所
・同行援護　　・重度障害者等
・行動援護　　　包括支援
・療養介護　　・施設入所支援

訓 練 等 給 付

・自立訓練（機能訓練・生活訓練）
・就労移行支援　　・就労継続支援
・就労定着支援　　・自立生活援助
・共同生活援助

第1章　障害者総合支援法の基礎知識　　**15**

県の指定した事業者の中から選んだ事業者と契約を結んで、サービスを受けることができます。

　自立支援給付を行うのは市町村ですが、費用の面では国が50％、都道府県が25％を義務的に負担することになっています。

● 介護給付費の内容

　介護給付費は自立支援給付のひとつで障害福祉サービスを受けるために必要な費用を支給する制度です。

　介護給付は日常生活に必要な介護の支援を提供するサービスで、障害の程度によってその対象者が決定されます。居宅介護、重度訪問介護、同行援護、行動援護、療養介護、生活介護、短期入所、施設入所支援、重度障害者等包括支援を利用した場合に介護給付費が支払われます。居宅介護や重度訪問介護など、各サービスの具体的な内容については50〜67ページを参照してください。申請した者の支給が決定されていない期間に前述のサービスを受けた場合は、障害者総合支援法に基づき特例介護給付費が支給されることになっています。

　なお、以前は、介護給付のひとつとして障害支援区分２以上の人を主な対象とした共同生活介護（ケアホーム）というサービスがあったのですが、サービスの内容について訓練等給付の共同生活援助と共通する部分があったため、2014年４月から共同生活援助に一本化されています。

● 訓練等給付費の内容

　訓練等給付費は、介護給付と同様に障害福祉サービスを受けるために必要な費用を支給する制度です。訓練等給付とは、日常生活や社会生活を営むために必要な訓練等の支援を提供するサービスで、定められたサービス内容に適合していれば支給対象になります。自立訓練（機能訓練・生活訓練）、就労移行支援、就労継続支援、共同生活援助

を受けた場合に訓練等給付費が支給されます。申請後、支給決定の前にサービスを受けた場合には特例訓練等給付費が支給されます。介護給付費と訓練等給付費のサービスの具体的内容は15ページ図のとおりです。

● 計画相談支援給付費の内容

　計画相談支援給付費とは、指定特定支援事業者がサービス等利用計画案の作成や計画の見直しを行った場合に支給される費用のことです。障害福祉サービスの支給申請を行った障害者や障害児の保護者は、市町村長の指定を受けた指定特定相談支援事業者（126ページ）から相談支援を受ける事業者を選ぶことができます。指定特定相談支援事業者は障害者・障害児やその家族などからの就学・就職・家族関係といった基本的な相談をはじめ、計画相談支援サービス利用に関する相談などを受け付けています。指定特定相談支援事業者が、計画相談支援サービス利用に関する相談を受け付けると、指定特定相談支援事業者に在籍する相談支援専門員が面接、アセスメント（現在の状況や問題点を解決するための課題について調査すること）などを実施して、サービス等利用計画が作成されます。

■ 計画相談支援給付費支給の流れ

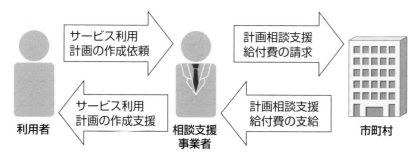

計画相談支援給付費は、障害者総合支援法上、サービスの利用者に支給されると規定されていますが、指定特定相談支援事業者が代理受領することができます。

● 地域相談支援給付費の内容

　地域相談支援給付費とは、都道府県・指定都市・中核市の指定を受けた「指定一般相談支援事業者」が地域移行支援・地域定着支援（25ページ）を行った際に支給される給付のことです。給付を希望する利用者は、氏名・居住地・生年月日・連絡先、地域相談支援の具体的内容を記載した申請書を市町村に提出し、申請を受けた市町村が地域相談支援給付費の支給の要否を決定します。

● 地域生活支援事業の内容

　地域生活支援事業とは、障害者をとりまく地域の地理的な条件や社会資源の状況や地域に居住する障害者の人数や障害程度などに応じて、必要な支援を柔軟に行う事業です。地域生活支援事業の実施主体は基本的に市町村ですが（22ページ）、広域的なサポートや人材育成など、一部は都道府県が主体となります（24ページ）。

　地域生活支援事業を行う際にかかる費用については、市町村の行う地域生活支援事業については市町村が25％を負担し、国が50％、都道府県が25％を補助します。一方、都道府県の行う地域生活支援事業については国が50％以内で補助することができます。

● 障害福祉サービスを提供するのは市町村なのか

　現在の制度では、原則として障害者にとって身近な市町村にサービスの提供主体が一元化されています。ただし、都道府県が主体となってサービスを提供しているものもあります。

　まず、障害福祉サービスのうち、介護給付費の給付、自立支援医療

費の給付、市町村地域生活支援事業の策定、市町村障害福祉計画の策定などは市町村の役割です。

次に、育成医療と精神通院医療に関するサービスや、障害福祉サービス事業者の指定、障害者介護給付費不服審査会の設置などは都道府県の役割です。これに加えて、都道府県は、障害福祉サービスを提供する事業者に対しての指導・監督を行う権限を有します。そのため、事業者が虚偽の事実を報告するなど不正な手段によって事業者の指定を受けた場合や、事業者が障害福祉サービスに関して不正を行っていたことが発覚した場合には、都道府県は指定の効力を取り消すという措置をとることができます。

つまり、福祉サービスを行うのは基本的には市町村ですが、サービス事業者に対する指導・監督や広域・専門的な支援や人材育成といった事業は都道府県が行うことになります。

■ 障害者に対する市町村・都道府県の支援

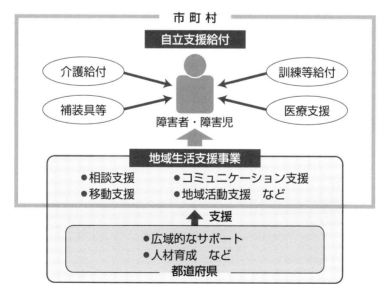

第1章 障害者総合支援法の基礎知識

● 障害者が安心して暮らせるための計画が立てられる

　障害福祉計画とは、障害者が地域で安心して暮らし、当たり前に働ける社会を実現していくために、障害者総合支援法に基づいて、障害福祉サービス等の提供体制の確保のために国が定める基本指針に即して、市町村・都道府県が作成する計画です。

　障害福祉計画は、市町村の計画を都道府県の計画へ反映させ、都道府県の計画を国の障害者福祉プランの策定に反映させるためのものとして位置付けられています。

　2018年度を初年度とする第4期計画では、国の基本指針の見直しが行われるとともに、「障害者総合支援法」の施行をふまえ、①福祉施設入所者の地域生活への移行、②精神障害にも対応した地域包括ケアシステムの構築、③地域生活支援拠点等の整備、④福祉施設から一般就労への移行、⑤障害児支援の提供体制の整備を成果目標として活動指標が定められています。

　市町村の定める障害福祉計画（市町村障害福祉計画）には、①障害福祉サービス、相談支援及び地域生活支援事業の提供体制の確保に係る目標に関する事項、②各年度における指定障害福祉サービス、指定地域相談支援または指定計画相談支援の種類ごとの必要な量（サービスの件数）の見込み、③地域生活支援事業の種類ごとの実施に関する事項などが定められています。

　都道府県の障害福祉計画には、①障害福祉サービス、相談支援及び地域生活支援事業の提供体制の確保に係る目標に関する事項、②都道府県が定める区域ごとに当該区域における各年度の指定障害福祉サービス、指定地域相談支援または指定計画相談支援の種類ごとの必要な量（サービスの件数）の見込み、③各年度の指定障害者支援施設の必要入所定員総数、④地域生活支援事業の種類ごとの実施に関する事項などが定められます。

4 地域生活支援事業について知っておこう

多くは市町村が行うが、一部の広域的な支援は都道府県が行う

● 地域生活支援事業とは

　地域生活支援事業とは、知町村や都道府県などが、地域に居住する障害者に対して障害の程度などに応じて柔軟に必要な支援を行う事業です。多くは市町村によって行われますが、一部の広域的な支援は都道府県によって行われます。

　障害福祉サービスには、自立支援給付があり、自立支援給付は、「それぞれの障害者にとって必要なサービスとはどのような内容か」という観点に重点が置かれています。これに対して、地域生活支援事業では、「その地域で提供できるサービスはどの程度の内容か」という点が重視されています。障害者がさまざまなサービスを希望していたとしても、実際には、サービスに必要な施設や職員の数には限界があります。1人の障害者のニーズに応えて、他の障害者のニーズを軽視するようなことがあってはなりません。そこで、地域生活支援事業により、地域の財政などの実情を考慮して、効率的により多くの障害者のニーズに適したサービスの提供が実施されています。

■ 地域生活支援事業と自立支援給付の関係

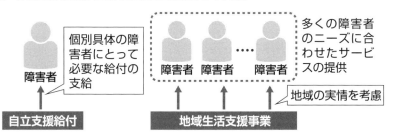

第1章　障害者総合支援法の基礎知識　21

また、広域的な取り組みが可能であることも、地域生活支援事業の特徴といえます。個別の障害者に対する支援では不十分であった支援についても、さまざまな機関への委託などを行うことで、緊急な事態にも対応できる弾力性を持っています。

◉ 市町村が行う地域支援事業

必ず実施しなければならない必須事業と任意に行うことができる任意事業があります。

市町村の必須事業には、①理解促進研修・啓発事業、②自発的活動支援事業、③相談支援事業、④成年後見制度利用支援事業、⑤成年後見制度法人後見支援事業、⑥意思疎通支援事業、⑦日常生活用具給付等事業、⑧手話奉仕員養成研修事業、⑨移動支援事業、⑩地域活動支援センターがあります。市町村が行う地域生活支援事業の主な事業内容は、以下のとおりです。

・理解促進研修・啓発事業

地域住民に対して、障害者に対する理解を深めるための事業です。たとえば、障害の特性に関する教室の開催や、障害福祉サービス事業所への訪問などの各種イベントの開催などが挙げられます。

・自発的活動支援事業

障害者やその家族などが、自発的に行う活動を支援する事業です。障害者・家族が共通して抱える悩みなどを相談し合う交流会（ピアサポート）や、障害者を含む地域全体の災害対策、障害者の孤立防止に向けた地域の活動などが挙げられます。

・相談支援事業

障害者や障害者の保護者などからの相談に応じて、市町村は障害者支援について必要な情報を提供しています。

・成年後見制度利用支援事業

精神上の障害によって判断能力が不十分な人のために、市町村が行

う成年後見制度の利用を支援する事業に対して、助成を行うことによって、成年後見制度の利用を促す事業です。

・意思疎通支援事業

視覚や聴覚に障害があるために通常の人よりコミュニケーションがとりにくくなっている人を支援する事業です。

・日常生活用具給付等事業

障害者が自立した生活を営むために用具を給付や貸し出しを行う事業です。

・移動事業

障害者が屋外での移動を円滑に行えるように、障害者のニーズに応じてサポートする事業です。具体的な支援の方法としては、障害者に対して個別に対応する個別支援型、複数の者が同じ目的で移動する際に行うグループ支援型、バスなどを巡回させて送迎支援を行う車両支援型があります。

・地域活動支援センター

地域活動支援センターとは、障害者に社会との交流を図る機会や生産活動を行う機会を提供するための施設です。障害を持つ人が地域で自立して生活をすることを可能にするために、利用者や地域の状況に

■ 支援事業について ……………………………………………

市町村の支援事業	都道府県の支援事業
・相談支援 ・市町村に基幹相談支援センターを設置 ・成年後見制度利用支援 ・地域活動支援センター ・日常生活用具の給付 ・移動支援 ・手話通訳などコミュニケーション支援　など	・相談支援体制整備事業 ・相談支援事業 ・福祉ホーム事業 ・情報支援事業 ・障害者IT総合推進事業　など

第1章　障害者総合支援法の基礎知識　23

応じて柔軟に事業を運営していくことを目的としています。地域活動支援センターを通じて、障害者は自立した日常生活や社会生活を送る上での援助を受けることができます。

◉ 都道府県が行う地域生活支援事業

都道府県は、障害者を支援する事業の中でも専門的知識が必要とされる事業や、市町村ごとではなく広域的な対応が必要な事業を実施しています。市町村事業と同様に、都道府県事業についても必須事業と任意事業があります。必須事業としては、以下の事業があります。

・専門性の高い相談支援事業

発達障害者やその家族に対しての相談支援、高次脳機能障害に対する人材育成や情報提供・啓発活動、障害者が自立して職業生活を送ることができるようにするための雇用促進のための活動があります。

・人材の養成・研修、事業

手話を使いこなすことができる者の育成、盲ろう者向け通訳や介助員の養成、障害福祉サービスの管理を行う者の養成などを行います。

・専門性の高い者の派遣・連絡調整事業

手話通訳者、要約筆記者、触手話、指点字を行う者の派遣、市町村相互間での連絡調整に関する事業です。

・広域的な支援事業

市町村域を越えて広域的な支援を行います。具体的には、地域のネットワークの構築、専門知識を必要とする障害者支援システムの構築に関する助言、広い地域にまたがって存在している課題の解決のための支援などがあります（相談支援体制整備事業）。

また、精神障害者の地域移行・生活支援の一環として、アウトリーチ（多種職チームによる訪問支援）を行うとともに、アウトリーチ活動に関して関係機関との広域的な調整などを行います（精神障害者地域生活支援広域調整等事業）。

5 相談支援事業について知っておこう

さまざまな助言や必要な情報の提供などの支援をする

● どんなサービスなのか

相談支援事業は、障害者が障害福祉サービスについての情報など必要な情報や助言を受けることができる事業です。

障害者が、障害福祉サービスを適切に受けるためには、さまざまな情報を得て、適切な判断をする必要があります。しかし、障害者を対象とした福祉サービスを受けようとしても、どのようなサービスがあるのかをすべて把握することは簡単ではありません。また、サービス内容を把握することができたとしても、実際に各障害者にとってどのサービスが最適であるのかを判断するための、適切な知識を習得することは容易ではありません。そこで、障害者や障害者の保護者などからの相談に応じて、市町村は障害者支援について必要な情報を提供しています。相談支援事業を行うことで、障害者は自分にあったサービスの提供を受けることが可能になります。

● サービスの具体的内容

相談支援事業の具体的な内容は、以下のように分類できます。

① 障害者相談支援：障害者福祉に関するさまざまな問題について、必要な情報の提供をはじめ、障害福祉サービスの利用を支援したり、権利擁護のために必要な援助を行います。

② 計画相談支援・障害児相談支援：サービスなど利用計画の作成や、計画の見直しなどにおいて必要な相談や助言を行います。

③ 地域移行支援・地域定着支援：入所施設から対処する者や家族との同居から一人暮らしに移行した者が地域生活を継続できるよう相

第1章　障害者総合支援法の基礎知識　　**25**

談や助言を行います。

④　住宅入居等支援事業：一般住宅への入居を希望している者に、入居に必要な調整などの支援や、家主への相談・助言を行います。

⑤　成年後見制度利用支援事業：成年後見制度の利用促進を図るため、必要な相談や助言を行います。

　相談支援事業は、市町村で実施されます。市町村は、障害者などからの相談をもとに、必要な情報の提供や、その障害者にとって必要だと考えられる障害者支援事業の紹介などを行います。障害者に対する虐待の相談を受けた場合には、障害者の保護も行います。なお、悩みを持つ障害者やその家族同士が集まり、お互いに話し合ったり情報交換することを目的とした集団カウンセリング（ピアカウンセリング）を実施することもあります。

　相談支援専門員は、障害者からのさまざまな相談を受け付け、助言や連絡調整を行う他、障害福祉サービスの利用に必要なサービス等利用計画を作成します。障害福祉サービスが開始すると、一定期間ごとにモニタリングを行います。その際、心身の状況や生活環境の変化を見極め、必要に応じて計画の見直しを行います。

■ 相談支援事業 ………………………………………………………………

どんな障害福祉サービスがあるの？
どんな障害福祉サービスが自分に合ってるの？

障害者　　　　　　　　　　相談支援事業　　　　　　　　　市町村

① 障害福祉に関する情報の提供・利用支援、権利擁護のための支援
② サービス利用計画の作成、計画の見直しなどに関する相談・助言
③ 地域移行支援・地域定着支援
④ 住宅入居等支援事業
⑤ 成年後見制度利用支援事業

6 成年後見制度利用支援事業 とはどんなものなのか

成年後見制度の利用促進に関する支援制度

● 成年後見制度利用支援事業とは

　知的障害者や精神障害者は、自分で物事を判断する能力を完全に失っていたり、あるいは不十分である場合も少なくありません。民法は、判断能力を失っていたり、不十分な人を支援するために、成年後見制度を用意しています。成年後見制度は、対象者の判断能力の程度に応じて、家庭裁判所の審判を経て、後見人、保佐人、補助人のいずれかが選任されて、対象者の権利を守る制度です。成年後見制度を利用するには、本人や配偶者、一定の範囲内の親族などが家庭裁判所に申し立てる必要があるため、重要な制度であるにもかかわらず、あまり活用されてきませんでした。

　そこで、成年後見制度の利用促進をめざして行われる支援が、成年後見制度利用支援事業です。障害者総合支援法において、市町村が担当する地域生活支援事業として、規定されています。都道府県も市町村と協力の上で、援助に関わっています。

　判断能力が不十分な人が適切な福祉サービスの提供等を受けるためには、必要な契約を結ぶために、成年後見制度を利用できることが大きな意味を持ちます。成年後見制度利用支援事業が整備されたのは、成年後見制度の利用にかかる費用を補助し、経済的理由などによって、成年後見制度の利用が妨げられないようにすることが最大の目的だといえます。

　成年後見制度利用支援事業は、知的障害者・精神障害者のうち、成年後見制度を利用することが、日常生活などにおいて有用だと考えられる障害者を対象としています。また、成年後見制度の利用に必要な

第1章　障害者総合支援法の基礎知識　**27**

経費について、補助を受けなければ成年後見制度の利用が困難だと認められる障害者でなければなりません。たとえば、生活保護を受給している者や、障害者を含む障害者と同じ世帯の者全員が住民税非課税者である場合などがあります。

　具体的な支援の内容は、成年後見制度を利用する際に、登記や鑑定にかかる費用などについて、全部あるいは一部が補助されます。具体的な手続きの流れとして、市町村は、障害者の家族や検察官などが、各種後見人の選任を家庭裁判所に申し立てるのに必要な費用を補助します。相談支援事業者や市町村が、成年後見制度利用支援の対象者を発見した場合、市町村が後見人の選任を、家庭裁判所に申し立てることもあります。

　また、家庭裁判所により成年後見制度の利用が認められ、後見人、保佐人、補助人が選任された場合、障害者はこれらの人に対し報酬を支払わなければならないことがあります。成年後見制度利用支援事業は、後見人などに対する報酬についても補助を受けることが可能です。なお、地域生活支援事業として行われている成年後見制度利用支援事業については、国も国庫に基づく補助を行っています。

■ **成年後見制度利用支援事業**

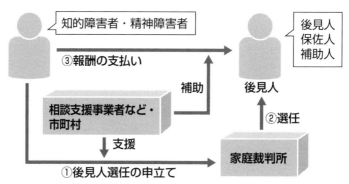

意思疎通支援事業について知っておこう

障害者とのコミュニケーションを円滑に測るための支援を行う

◉ 意思疎通支援事業とは

　意思疎通支援事業とは、障害者とその他の者の情報の交換や意思の伝達などの支援を行う者の養成・派遣などを行う事業です。点訳、代筆・代読などの方法により、障害者同士や、健常者との意思疎通をサポートするための事業を内容としています。障害者総合支援法において、地域生活支援事業の必須事業として、市町村と都道府県の役割分担が明確化されています。

　意思疎通支援事業は、聴覚、言語機能、音声機能、視覚機能の障害者だけでなく、失語症、高次脳機能障害、知的・発達障害者、ALSなどの難病患者を対象に含みます。

　意思疎通を支援する手段は、手話通訳や要約筆記の他に、盲ろう者への触手話や指点字、視覚障害者への代読や代筆、重度身体障害者へのコミュニケーションボードによる意思の伝達など、多様です。なお、手話は、障害者基本法で言語に位置付けられており、障害者とのコミュニケーションについて手話の重要性がわかります。

◉ 市町村・都道府県における必須事業

　意思疎通支援事業において、市町村が取り組む必須事業は以下のとおりです。

・意思疎通支援者の養成

　具体的には、手話奉仕員の養成を行います。手話奉仕員とは、手話を用いて、障害者とコミュニケーションを図る人を指します。

・手話通訳者と要約筆記者の派遣

市町村は、手話通訳者と要約筆記者の派遣事務に取り組まなければなりません。手話通訳者は、手話を通じて、障害者と障害のない人との間のやり取りを支援します。要約筆記者は、主に聴覚障害者を対象に、手書きやパソコンなどを用いて、「話し」の内容を要約した上で、情報を障害者に伝えます。

　都道府県においては、以下の事業について必須事業として取り組まなければなりません。

・手話通訳者、要約筆記者、盲ろう者対象の通訳や介助員の養成

　手話通訳者・要約筆記者を養成するとともに、盲ろう者を対象に、盲ろう者が伝えたい内容を的確に把握し、盲ろう者が他者と円滑にコミュニケーションを図ることができるよう支援する人を要請します。

・支援者の派遣

　盲ろう者向けの通訳・介助員の派遣の他、複数の市町村の住民が参加する講演などにおける、高い専門性が要求される意思疎通支援者の派遣を行います。

・市町村相互間の連絡調整

　意思疎通支援者の派遣に関する、市町村相互間の連絡・調整を図ります。

■ 意思疎通支援事業

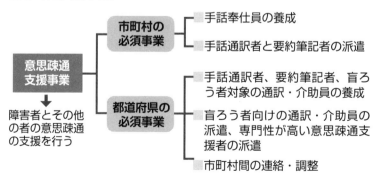

8 日常生活用具給付等事業ではどんな給付を受けることができるのか

障害者の日常生活を円滑にするための用具の支給や貸与を行う

● 日常生活用具給付等事業とは

入浴補助用具や意思疎通支援用具が給付されます。障害者が日常生活を送るために、障害の種類に応じて用具が必要になることがあります。このようなニーズに応えて、障害者が自立した生活を営むために用具を給付する事業のことを日常生活用具給付等事業といいます。給付する日常生活用具は、①安全で実用性があり、簡単に使用できる物であること、②障害者の自立と社会参加を促進する物であること、③用具の開発に障害に対する専門知識や専門技術が必要で、日常生活品として普及していない物である、という条件を満たす用具です。

給付を受けるためには、障害者が市町村長に申請し、市町村の給付決定を受ける必要があります。もっとも、市町村により申請手続の詳細や、給付される用具の上限額・品目・自己負担額の割合などが異なりますので、あらかじめ市町村窓口で、自己負担額等を調べておくことが必要です。

● 給付・貸与される用具などに関して

日常生活用具給付等事業により、障害者に給付・貸与される主な用具は、次ページ図のようになっています。それぞれの用具の対象者は、主に以下のように分類できます。

① 介護・訓練支援用具

障害者の身体介護を支援する必要がある、下肢あるいは体幹機能に障害がある人が対象です。

② 自立生活支援用具

第1章 障害者総合支援法の基礎知識 31

障害の内容に合わせて、下肢あるいは体幹機能の障害、平衡機能あるいは下肢・体幹機能の障害、上肢障害、視覚障害、聴覚障害がある人を対象に、必要な用具などが支給されます。なお、火災警報器などは、障害の種別に関係なく、火災発生を感知したり避難することが困難な人に支給されます。

③　**在宅療養棟支援用具**

腎機能障害や呼吸器機能障害がある人や、在宅酸素療法者、視覚障害がある人に必要な用具などが支給されます。

④　**情報・意思疎通支援用具**

音声機能言語機能障害、上肢機能障害・視覚障害、盲ろう、聴覚障害がある人や、喉頭摘出者、外出困難者などを対象に必要な器具が支給・貸与されます。

⑤　**ストーマ装具**

ストーマ造設者が対象になります。その他の用具などについては、高度の排便機能障害者、脳原性運動機能障害がある意思表示困難者、高度の排尿機能障害者に対して必要な用具が支給されます。

⑥　**居宅生活動作補助用具**

下肢、体幹機能障害、乳幼児期非進行性脳病変者が対象です。

■ **障害者に給付・貸与される主な用具** ……………………………………

介護・訓練を 支援する用具	入浴担架・特殊寝台・訓練イス・特殊尿器
自立生活支援用具	入浴補助用具・頭部保護帽・棒状の杖・聴覚障害者用屋内信号機
在宅療養等支援用具	電気式たん吸引器・盲人用体温計・酸素ボンベ運搬車・透析液加温器
意思疎通支援用具	点字器・盲人用時計・視覚障害者用携帯レコーダー
排泄管理支援用具	ストーマ用装具
居住生活動作補助用具	スロープ

9 障害者総合支援法の居住サポート事業について知っておこう

住居への入居などを支援する事業

● 居住サポート事業とは

　賃貸住宅への入居が困難な障害者を対象に、市町村が主体になって、居住サポート事業を行っています。通常、賃貸住宅に入居するときには、保証人を立てる、保証金や敷金の支払いを求められることが多いのが現状です。安定した収入や就職につながる資格を持っている人であれば、賃貸住宅への入居の際にそれほど困ることはないのですが、精神障害者や知的障害者など障害を持っている人の場合、「保証人がいない」などの理由で入居先がなかなか見つからないという問題が起こる可能性が高くなります。そこで、障害者総合支援法でも障害者の地域での居住を支援するさまざまなサービスを提供しています。

　そのため、居住サポート事業の利用対象者は、賃貸借契約を締結して一般住宅に入居希望しているものの、身近に保証人になってもらえる人がいない障害者です。現在、障害者施設や児童福祉施設などに入所している人は、対象から除かれます。また、精神障害のために、精神科病院に入院している人も対象外です。

● 具体的な支援の内容

　居住サポート事業は、地域生活支援事業として、原則として市町村が実施します。具体的な支援内容は、主に以下の2つに分類することができます。

① 一般住宅への入居支援

　この事業は、賃貸借契約による一般住宅への入居を希望しているものの、保証人がいないなどの理由によって入居が困難になっている障

第1章　障害者総合支援法の基礎知識　　**33**

害者に対して、入居契約の締結に向けた支援を行います。具体的には、市町村もしくは市町村から委託を受けた指定相談支援事業者が、不動産業者に対する障害者への物件あっせんの依頼や、入居手続きの支援、家主等に対する相談・助言、入居後の相談窓口を設けるなどの支援を行います。

② 関係機関との連絡体制の整備など

利用者が住居において生活していく上で直面する問題に対応するために、関係機関との連絡体制を整備しておくことをいいます。たとえば利用者が、ホームヘルパーや訪問看護などの利用が必要になった場合に備えて、直ちに必要なサービスの提供が可能なように、連絡調整を行っておく必要があります。

また、24時間支援と呼ばれる支援がとくに重要です。これは夜間を含め、緊急な対応が必要になる場合に備えて、迅速に必要な治療などが受けられるように医療機関との連携・調整を行う事業です。家族等への必要な連絡体制の整備にも取り組んでいます。

国土交通省は、障害者の他に高齢者、子育て世帯や外国人の賃貸住宅への入居を支援する「あんしん賃貸支援事業」を実施しており、居住サポート事業との連携が図られています。

■ 居住サポート事業

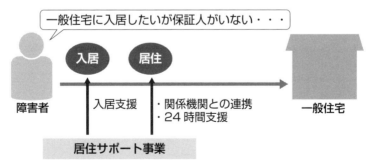

● その他の障害者の住まいの確保について

　障害者総合支援法上のサポート以外にも、障害者の住まいを確保するためのさまざまなしくみが整えられています。まず、公営住宅における、障害者単独あるいは障害者のいる世帯の収入基準の緩和や、当選率を上げるなどの措置が挙げられます。公営住宅については、以前は身体障害者だけ単身入居が可能でしたが、現在では、知的障害者、精神障害者の単身入居も認められています。

　公営住宅以外にも、障害者と同居する世帯が、住宅の建設やバリアフリー化をはかるための増改築、リフォームなどを行う際には、住宅金融支援機構による融資制度や、バリアフリータイプ住宅融資、生活福祉資金貸付制度など、低利の融資制度を利用することができます。場合によっては生活保護法上の、住宅扶助、日常生活用具の給付・貸付、住宅設備改造補助などが利用できるケースもあります。

　ただし、融資を受けることができる対象は、制度に応じて異なるため注意が必要です。たとえば、生活福祉資金貸付制度では、①必要な資金を他から借り受けることが困難な世帯、②身体障害者手帳、療育手帳、精神障害者保健福祉手帳の交付を受けた者がいる世帯、③65歳以上の高齢者の属する世帯が対象になります。

■ 障害者の住居を確保するサービス

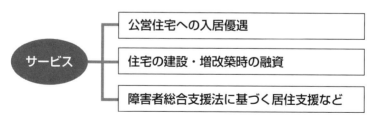

10 地域活動支援センターの活動について知っておこう

活動内容によって、Ⅰ型、Ⅱ型、Ⅲ型に分けられる

◉ 地域活動支援センターとは

　市町村の行う地域生活支援事業として、これまで見たものの他に地域活動支援センターにおける活動があります。

　地域活動支援センターの利用者は、市町村の裁量によって決められます。必ずしも障害支援区分認定などが必要ではありません。そのため、地域社会で暮らすすべての障害者や家族、知人が対象となり、利用者の幅は障害福祉サービスに比べて広くなります。

　地域活動支援センターは、障害者に社会との交流を図る機会や創作的活動や生産活動を行う機会を提供するための施設です。地域活動支援センターを通じて、障害者は自立した日常生活や社会生活を送る上での援助を受け、社会との交流を図り、創作的活動などを行うことができます。地域活動支援センターでは、障害者の介護負担などが大きい家族への相談業務なども実施しています。

　地域活動支援センターにおける活動は、創作的活動、生産活動の機会の提供や地域の実情に合わせて提供される基礎的事業を行います。その上で、地域活動支援センター機能強化事業としてⅠ型・Ⅱ型・Ⅲ型の３つに分けて事業を実施しています。

◉ Ⅰ型、Ⅱ型、Ⅲ型とは

　地域活動支援センターⅠ型は、相談支援事業、地域住民ボランティアの育成、専門職員の配置による医療、地域との連携強化のための調整、障害に対する理解を促進するための普及啓発活動を行うことを内容とした事業です。精神保健福祉士などの専門職員を配置する必要が

あります。地域活動支援センターⅡ型は、地域の中での就職が困難な在宅の障害者に対して、機能訓練や社会適応訓練、入浴など自立を促すための事業を行います。地域活動支援センターⅢ型は、地域の障害者が通うことのできる小規模作業所に対する支援を充実させるための事業です。具体的には、地域の障害者のための援護対策として地域の障害者団体などが実施する通所による援護事業の実績が5年以上の作業所に対する支援を行います。

なお、同じ「地域活動支援センター」という名前でも、実施している事業内容が異なっている場合があります。また、実施主体が市町村であるため、引っ越しなどにより今まで使えていたサービスがなくなるといった場合もあります。住んでいる市町村の窓口でどんな事業をしているのかを確認する必要があります。

地域活動支援センターには、障害者本人などの意思や人格を尊重して、利用者の人権を擁護し、虐待などを防止するために、責任者を設置するなど必要な体制の整備を行うとともに、職員に対し、必要な研修等を実施することが求められています。

■ 地域活動支援センター ···

			具体的な内容
地域活動支援センターの分類	Ⅰ 型		相談支援事業、地域住民ボランティアの育成、専門職員の配置による医療、地域との連携強化のための調整、障害に対する理解を促進するための普及啓発活動 ※精神保健福祉士などの専門職員の配置が必要
	Ⅱ 型		地域の中での就職が困難な在宅の障害者に対する機能訓練・社会適応訓練、入浴など自立を促すための事業
	Ⅲ 型		地域の障害者のための援護対策として、地域の障害者団体などが実施する通所による援護事業の実績が5年以上の作業所に対する支援　など

第1章　障害者総合支援法の基礎知識　　37

障害福祉サービスと介護保険の関係について知っておこう

両制度に共通するサービスについては介護保険制度を優先する

● 介護保険とは

　介護保険とは、加齢により介護を要する状態になった場合に安心して日常生活を送れるように医療や福祉のサービスを行う制度です。介護保険制度の保険者は市町村で、国や都道府県、そして協会けんぽなどの医療保険制度により包括的に支えられながら運営を行っています。

　介護保険は、要支援あるいは要介護の認定を受けた人だけが介護保険の給付を受けることができるしくみになっています。

　要支援者とは要支援状態にある人（社会的支援を必要とする状態）で、要介護状態にある人が要介護者です。

　具体的には、日常生活を送る上で必要となる基本的な動作をとるときに見守りや手助けなどを必要とする状態のことです。要支援者は、要支援状態の度合いによって、要支援1と要支援2に分類されます。要介護状態とは、日常生活を送る上で必要となる基本的な動作をとるときに介護を必要とする状態です。

　要介護の場合には、介護が必要な状態の程度によって、「要介護1」から「要介護5」までの5段階に分かれています。

● 介護保険のサービスの内容

　要介護1～5の認定を受けた人は介護給付、要支援1～2の認定を受けた人は予防給付のサービスを受けることができます。支援を受けるためのケアプランの作成については、居宅介護支援などのサービスを利用します。なお、要介護認定で「非該当」であっても地域支援事業のサービスを利用することは可能です。地域支援事業とは、市町村

が地域の実情に合った取り組みを可能にするための制度で、現在では、予防給付のうち訪問介護、通所介護が地域支援事業へ移行しています。

要介護の人が利用できるサービスは、41ページの図のとおり居宅

■ 要支援・要介護状態 ………………………………………………

	要介護認定等基準時間
要支援1	25〜32分未満の状態 25〜32分未満に相当すると認められる状態
要支援2	32〜50分未満の状態 32〜50分未満に相当すると認められる状態
要介護1	32〜50分未満の状態 32〜50分未満に相当すると認められる状態 要支援2に比べ認知症の症状が重いために排せつや清潔保持、衣服の着脱といった行為の一部に介助が必要とされる
要介護2	50〜70分未満の状態 50〜70分未満に相当すると認められる状態 1日に1、2回は介護サービスが必要になる状態
要介護3	70〜90分未満の状態 70〜90分未満に相当すると認められる状態 1日に2回の介護サービスが必要になる程度の要介護状態
要介護4	90〜110分未満の状態 90〜110分未満に相当すると認められる状態 1日に2、3回の介護サービスが必要になる程度の要介護状態
要介護5	110分以上ある状態 110分以上に相当すると認められる状態 日常生活を送る上で必要な能力が全般的に著しく低下しており、1日に3、4回の介護サービスを受ける必要がある状態

※要介護認定等基準時間は、1日あたりに提供される介護サービス時間の合計がモデルになっています。基準時間は1分間タイムスタディと呼ばれる方法で算出された時間をベースとしています。1分間タイムスタディとは、実際の介護福祉施設の職員と要介護者を48時間にわたって調査し、サービスの内容と提供にかかった時間を1分刻みに記録したデータを推計したものです。

第1章 障害者総合支援法の基礎知識　39

サービスと地域密着型サービス、施設サービスです。一方、要支援の人と自立の人は、地域支援事業を利用することができます。

居宅サービスには、訪問介護、通所介護、訪問入浴介護、訪問看護などがあります。予防給付の各メニューの内容は、要介護の人が受ける在宅サービスとほぼ同じです。

要支援の人の状況が悪化して要介護の認定を受けた場合、提供されるサービスは介護給付に変更されます。予防給付の多くのメニューには介護予防という名称がついていますが、提供されるサービス内容は基本的には要介護者が受けるものとあまり違いはありません。ただ、そのサービスを提供する目的が要介護者の場合とは異なり、介護状態の予防と現状の改善に向けられています。

介護保険施設は、原則として在宅で介護を受けることができない状態になった場合に利用が考えられるサービスです。介護保険施設には①介護老人福祉施設（特別養護老人ホーム）、②介護老人保健施設、③介護療養型医療施設、④介護医療院の４種類があります。④の介護医療院は2018年４月に創設された新しいサービスです。③の介護療養型医療施設は、2023年度末で廃止され、それまでに②や④へ移行する必要があります。

介護老人福祉施設は、原則として「要介護３以上の高齢者」である人が対象です。介護老人保健施設は、入所している要介護者が自宅で生活できる状況をめざす施設サービスです。

● 介護サービスと障害福祉サービスは両方受けられるのか

高齢社会の進展が劇的な我が国において、障害者が65歳以上になったときには、介護保険の第１号被保険者の対象になります。また、40〜64歳の障害者が、特定疾病にかかった場合には、介護保険の第２号被保険者として、要介護者にあたる場合があります。そのため、障害福祉サービスと介護保険の関係が問題になります。

両方のサービスの対象になった場合には、原則として介護保険制度の利用が優先されます。そのため、対象の障害者は、介護サービスを

■ 予防給付と介護給付の種類 ……………………………………

（介護給付、予防給付）

居宅サービス	通所介護　※介護予防訪問介護は地域支援事業へ移行
	（介護予防）訪問入浴
	（介護予防）訪問看護
	（介護予防）訪問リハビリテーション
	（介護予防）居宅療養管理指導
	訪問介護　※介護予防通所介護は地域支援事業へ移行
	（介護予防）通所リハビリテーション
	（介護予防）短期入所生活介護
	（介護予防）短期入所療養介護
	（介護予防）特定施設入居者生活介護
	（介護予防）福祉用具貸与
地域密着型サービス	定期巡回・随時対応型訪問介護看護
	夜間対応型訪問介護
	地域密着型通所介護
	（介護予防）認知症対応型通所介護
	（介護予防）小規模多機能型居宅介護
	（介護予防）認知症対応型共同生活介護
	地域密着型特定施設入居者生活介護
	地域密着型介護老人福祉施設入所者生活介護
	複合型サービス（看護小規模多機能型居宅介護）
施設サービス	介護老人福祉施設
	介護老人保健施設
	介護療養型医療施設　※2023年度末で廃止
	介護医療院　※2018年4月に創設
ケアプラン	居宅介護支援、介護予防支援　※ケアプランの作成

（地域支援事業）

居宅サービス	訪問型サービス
	通所型サービス
	生活支援サービス（配食、見守りなど）

第1章　障害者総合支援法の基礎知識　41

利用することになります。しかし、介護サービスには、障害福祉サービスと異なり、行動援護や就労移行支援などに該当するサービスがありません。そこで、介護保険制度が用意していないサービスが必要な障害者は、障害福祉サービスを利用することができます。また、介護保険における居宅介護サービス費は、支給に限度が設けられていますので、介護保険制度では十分なサービスが受けられない障害者については、不足する部分について、障害福祉サービスを上乗せして利用することができます。

　なお、障害福祉サービスを利用していた障害者が、たとえば65歳になれば、今後は介護保険サービスの利用が求められますが、そのときに、サービス事業者が介護保険法に基づく指定を受けていない場合には、それまで慣れていた事業者とは別の事業者からサービスを受けなければならないなどの不都合が生じていました。現在では、障害者と高齢者に対して、同一の施設でサービスを提供することをめざして、共生型サービスという制度が設けられています。これによって、たとえば障害福祉サービス事業者が介護保険法に基づく指定を容易に得ることが可能なしくみが整えられています。

■ **介護保険のサービスと障害福祉サービスの関係**

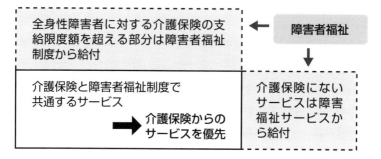

第2章

さまざまな
支援サービスのしくみ
と手続き

1 サービスはどのように利用するのか

利用者は必要なサービスを組み合わせて利用することになる

● 人によって受けたいサービスは異なる

　障害者総合支援法によって受けられるサービスは、サービスの利用方法によって日中活動、居住支援、居宅支援、相談等支援、医療支援、補装具等支援のカテゴリに分けることができます。

　かつては障害の種別に応じて、居宅サービスと施設サービスにより分類が行われていました。しかし、障害者総合支援法では、自宅であるのか施設であるのか、という区別よりも、障害者の生活の場におけるケアと、日中の活動に対するケアの連続性が重視されています。また、施設に入所する障害者についても、自宅で過ごすのと変わらない環境作りが求められています。そこで、障害福祉サービスの分類は、サービスの機能に基づく分類が採用されています。したがって、同一の施設内で提供される障害福祉サービスについても、機能訓練などの中の活動に関するサービスと、夜間の食事や入浴などに関する介護など（夜間ケア）が区別して分類されています。

　実際には、利用者は、これらのサービスの中から必要なものを組み合わせて利用することになります。たとえば、日中は療養介護を利用して夜間は施設入所支援を利用するといった具合です。

　それぞれ、介護給付（障害がある人に対する介護の給付のこと。居宅介護や重度訪問介護など）や訓練等給付（リハビリや就労につながる支援のこと。自立訓練や就労移行支援など）、地域生活支援事業（障害者や障害児が自立した地域生活を営むことを支援する事業のこと。移動支援事業や意思疎通支援事業など）などから支援が行われることになります。また、障害をもつ18歳未満の者（障害児）に対して

■ 障害者へのサービス（介護給付・訓練等給付により行われるもの）…

居宅支援	居宅介護：身体介護・家事援助・通院等介助・通院等乗降介助を行う
	重度訪問介護：重度の障害者が、自宅で日常生活を営むことができるように、総合的な支援を行うサービス
	同行援護：視覚障害者に同行などを行うサービス
	行動援護：自己判断能力が制限されている障害者に移動・外出時に必要な援助を行うサービス
	重度障害者等包括支援：重度障害者に対して複数のサービスを包括的に行う支援
	短期入所：施設で短期間生活する際に受けることのできるサービス
居住支援	施設入所支援：施設入所者に夜間を中心に排せつや入浴、食事の世話を行うサービス
	共同生活援助：地域の中で障害者が集まって共同で生活する場を設け、生活面の支援をするサービス
	自立生活援助：一人暮らしに必要な生活力などを養うために、必要な支援を行うサービス
日中活動	療養介護：難病患者や重症心身障害者に医療・介護を行うサービス
	生活介護：昼間に施設で介護や生産活動のサポートを行うサービス
	自立訓練（機能訓練）：身体障害者の身体機能の維持回復に必要な訓練を行う
	自立訓練（生活訓練）：知的障害者と精神障害者の生活能力の維持と向上に必要な訓練を行う
	就労移行支援：就労に必要な能力や知識を得るための訓練を行う
	就労継続支援Ａ型：一般企業に就労するのが困難な障害者に行う就労等の機会の提供
	就労継続支援Ｂ型：雇用契約を結ばずに、就労の機会や居場所を提供し、就労支援を行う
	就労定着支援：就労に伴う生活面の課題に対して支援を行う
医療支援	自立支援医療費：障害の軽減を目的とする医療費の公費負担制度
	療養介護医療費：医療の他に介護が必要な障害者に支給される
補装具等支援	補装具費：義肢、装具、車椅子などの給付についての費用を補助する制度
相談等支援	計画相談支援給付費：サービス等利用計画案の作成・見直し
	地域相談支援給付費：地域の生活に移行できるようにするための支援（地域移行支援）と常時の連絡体制の確保などのサービス（地域定着支援）

※上表の他、自治体の地域生活支援事業により行われる各種の給付もある

は、児童福祉法による障害児通所支援（児童発達支援、放課後デイサービスなどの必要な支援を受けられる制度のことです）や、障害児入所支援などのサービスが行われます。

● 自宅で生活支援をしてもらうことはできるのか

　居宅における生活支援とは、障害者が住みなれた家庭で日常生活を送れるように支援するサービスです。

　介護給付による支援で居宅支援に関するサービスには、居宅介護（障害支援区分1以上の障害者や障害児が利用者になります）、重度訪問介護（障害支援区分4以上・二肢以上にまひがある人などが利用者）、同行援護（移動が困難な視覚障害者が利用者）、行動援護（知的障害者や精神障害者が利用者）、重度障害者等包括支援（常時介護が必要な障害者や障害支援区分6以上の意思疎通が困難な者などが利用者）、短期入所（障害支援区分1以上の者が利用者）があります。

　このうち、居宅介護とは、障害をもつ人が住んでいる居宅において受けることのできるサービスです。そして、居宅介護は、身体介護、家事援助、通院等介助、通院等乗降介助の4種類に分類可能です。

　身体介護・家事援助は、入浴・排せつ・食事・洗濯・掃除などの援助を通し、対象者の生活を支えるサービスです。

　通院等介助・通院等乗降介助は、病院・診療所への定期的な通院や公的手続き・相談のため官公署（役所）を訪れる際に利用できるサービスです。車両への乗車・降車の介助、通院先での受診の手続きなどを行います。

　居宅介護を利用することができる具体的な対象者は、18歳以上の場合は障害支援区分1以上の人で、18歳未満の場合は、身体障害者手帳所持者や精神障害者などの障害児に限られます。65歳以上の人など介護保険の対象者については、介護保険による訪問介護で類似のサービスを受けることができます。対象者が障害児の場合は、ホームヘル

パー派遣時に保護者が在宅（通院の場合は同行）していることが必要です。

　なお、居宅介護を行う事業所が、質の高いサービスや、中山間地域の居宅者へのサービスを提供した場合は、事業者は通常の報酬に加算した金額を設定することが可能です。事業所の経営的判断により、サービスの提供に偏りを生じさせないための配慮といえます。

　これに対して、地域生活支援事業による支援で居宅支援に関するものには、移動支援事業（介護給付による個別の給付で対応できない複数名の移動や、突発的に必要が生じた場合の移動支援を行うサービス）、日中一時支援事業（一時的に支援が必要となった人に、社会適応訓練、見守り、日中活動の提供、送迎などのサービスを行う）、意思疎通支援事業（手話通訳や要約筆記者の派遣、手話通訳の設置支援などを行う）があります。

● 夜間の居住支援をサポートするサービス

　居住支援とは、入所施設などで夜間に居住する場を提供するサービスのことです。居住支援については、介護給付、訓練等給付、地域生

■ 自宅での生活を支援するサービスとその内容 ……………………

サービス名	内容
居宅介護	居宅における身体介護・家事援助・通院介助など
重度訪問介護	重度障害者が自宅で生活するための総合的な支援
同行援護	外出時に必要となる情報の提供や移動同行
行動援護	移動時の問題行動に対する援助・介護
重度障害者等包括支援	寝たきりなどの重度障害者に対し複数のサービスを包括的に行う
短期入所	介護者の不在時に一時的に施設で生活する

第2章　さまざまな支援サービスのしくみと手続き　　47

活支援事業から以下の支援が行われます。

　まず、介護給付（介護に対する費用の支給のこと）による支援として、施設に入所する人に、入浴や排せつ、食事などの介護を行う施設入所支援があります。訓練等給付（就労につながるような支援のこと）によるものとして、共同生活援助（グループホームを利用する障害者に対しては、共同生活をする賃貸住居で、相談や日常生活上の援助）が行われます。

　地域生活支援事業による支援で夜間の居住支援に関するものには、福祉ホーム（障害者に対して低額な料金で居室を提供している施設のことで、民間の事業者が運営しています）による日常生活の支援や、入居後の相談支援を行う居住サポート事業（賃貸借契約による一般の住宅に障害者が入居することを支援する事業）があります。

● 日中活動を支援するためのサービス

　日中活動は、入所施設などで昼間の活動を支援するサービスです。介護給付による支援と、訓練等給付による支援及び地域生活支援事業による支援があります。介護給付による支援には、療養介護と生活介護があります。訓練等給付による支援には、自立訓練、就労移行支援、就労継続支援があります。また、地域生活支援事業による支援として、地域活動支援センター機能強化事業による支援があります。

● 医療支援や用具の支給を受けるサービス

　障害をもつ人は以下のような医療支援や用具の貸与・支給サービスを受けることができます。

・医療支援

　障害の軽減を図り、日常生活や社会生活において自立するために必要な医療を提供する自立支援医療（障害の軽減を図り、日常生活や社会生活を自立して営むために必要な医療が提供されるサービスで、障

害者や障害児が利用者）と、療養介護医療（医療の他に介護を受けている場合に、医療費の部分について支給される給付で、常時介護を必要とする身体障害者が利用者）があります。

・用具の貸与・支給

　日常生活で必要になる用具の購入・修理にかかる費用については、自立支援給付により、補装具費（車いす、義肢、補聴器などのための費用で、身体障害者が対象になります）として支給されます。補装具は購入するのが原則ですが、貸与が適切と考えられる場合（成長にともなって交換が必要となる障害児など）については、貸与も補装具費の支給対象になります（2018年4月より）。その他、重度の障害がある人は、地域生活支援事業により、市町村から日常生活に必要な用具のレンタルまたは給付（身体障害者が利用者）を受けることができます。

● 相談支援のサービスにはどんなものがあるのか

　障害により、障害福祉サービスの利用を検討するにしても「多様なサービスの中からどのようなサービスを利用するのが適切か」ということについて利用者が判断するのは容易なことではありません。このような場合に、活用できるのが一般的な相談やサービス利用計画の相談などを行う相談支援のサービスです。

　相談支援のサービスにもさまざまなものがあり、障害福祉サービスとしての計画相談支援・地域相談支援と、地域生活支援事業としての相談支援事業があります。地域生活支援事業による支援は、市町村と都道府県により行われます。市町村が、障害のある人やその保護者のさまざまな相談に応じ、必要な情報の提供や助言を行います。市町村自ら行う場合と市町村から委託を受けた業者によって行われる場合があります。市町村の枠を超えた相談支援は、都道府県によって行われます。

2 居宅介護について知っておこう

在宅の重度障害者に訪問介護や移動支援を総合的に提供する

● 居宅介護とは

　居宅介護とは、障害者の自宅において提供されるサービスです。そのため、ホームヘルプとも呼ばれています。障害者福祉における重要な視点に、障害者が地域で自律的に生活することができる社会を実現することが挙げられます。つまり、必要な支援を行うことで、障害者が、常に障害福祉サービス事業所に通い詰めるのではなく、自宅を中心に、地域社会の中で、自由な生活を送ることを保障するためのサービスだといえます。

　居宅介護の対象になるのは、障害支援区分が1以上の人です。ただし、居宅介護のうち、身体介護を伴う通院等介助が必要な人については、障害支援区分2以上にあたる必要があるとともに、障害支援区分の認定調査項目について、以下の事項のうち、1つ以上の認定を受けている必要があります。

・**歩行に関して**

　全面的な支援が必要だと認められることが必要です。

・**移乗・移動に関して**

　全面的な支援が必要であるか、見守りなどの支援が必要、あるいは、部分的に支援が必要だと認められることが必要です。

・**排尿・排便に関して**

　全面的な支援が必要であるか、部分的な支援が必要だと認められることが必要です。

● サービスの内容や特徴

具体的に、居宅介護は、ホームヘルパーが障害者の自宅に訪問し、必要なサービスを提供するという形態がとられています。居宅介護は、身体介護、家事援助、通院等介助、通院等乗降介助の4つに分類できますが、以下のように介護が必要な局面に応じて分類可能です。

・障害者の身の回りの介護

ホームヘルパーは、障害者の食事・排せつ・入浴・排せつにあたり、介助を行います。その他、障害者の生活全体を通じて相談に応じるとともに、必要なアドバイスを提供します。

・障害者の日常生活に対する介護

ホームヘルパーは家事全般（食事の調理や掃除・洗濯など）を担うとともに、食料や日用品の購入なども行います。

・通院・社会生活を送る上での必要なサポート

居宅介護は、原則として障害者の自宅において行われるサービスですが、障害者の社会生活をサポートするという目的があるため、障害者が外出するときにも、必要な支援を行います。たとえば、身体障害により移動が困難な障害者は、定期的に通院が必要な場合があります。その場合には、ホームヘルパーが移動介助などを行います。その他にも、選挙の投票や、役所などの行政機関での必要な手続きなどについても、ホームヘルパーによる移動介助などを受けることができます。

■ 居宅介護

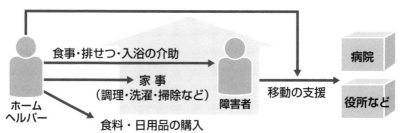

第2章 さまざまな支援サービスのしくみと手続き 51

3 重度訪問介護について知っておこう

在宅の重度障害者に訪問介護や移動支援を総合的に提供する

● 重度訪問介護とはどんなサービスなのか

　重度訪問介護は、重度の障害者が、自宅で日常生活を営むことができるように、入浴、排せつ、食事などの介護、調理、洗濯、掃除などの支援を行います。ヘルパーなどが自宅に訪問する居宅介護と支援内容はほとんど同じです。居宅介護との相違点は、重度訪問介護の支援の中で外出時の移動支援や、入院時の支援なども総合的に行う点です。そのため、重度訪問介護を利用する場合は、居宅介護、同行援護、行動援護の支援は併用できません。また、2018年の法改正で入院時の支援が追加されました。入院時の支援とは、障害者それぞれの特性に合わせた介護を提供できるヘルパーが入院中の病室を訪問し、見守りなどをすることで、入院中であってもいつもと同じ介護を受けることが可能になっています。というのも、障害のある人にとって、環境の変化をもたらす入院は、強い精神的なストレスにつながるため、入院時の介護はメリットが大きいといえます。

　重度の障害者の場合、介護の必要な事態がいつ発生してもおかしくないため、ホームヘルパーは長時間にわたって見守りを行う必要があります。そのため、24時間体制でサービスを受けることが可能なしくみになっています。

　重度な障害者が、住み慣れた地域、自宅で住み続けていくためには重度訪問介護は必須なサービスとなっています。しかし、重度の障害で医療との連携も深く、専門的知識を要する人材が不足したり、支援の特性上、長くサービスを提供するため単価が低くなってしまうなど、重度訪問介護の事業所が増えない課題があるようです。

● 支援の対象はどうなっているのか

　重度訪問介護はより重い症状をもつ障害者に対するサービスで、重度の肢体不自由者などで、常に介護を必要としている人が対象になります。

　具体的には、障害支援区分4以上であって、二肢以上にまひなどがあること、もしくは、障害支援区分4以上であって、障害支援区分の認定調査項目のうち「歩行」「移乗」「排尿」「排便」のいずれも支援が不要以外と認定されていること、が条件とされています。なお、入院時の支援を受ける場合は、障害支援区分が6以上である必要があります。

　重度の肢体不自由者だけでなく、知的障害者や精神障害者も対象となっています。その場合は、障害支援区分4以上であって、障害支援区分の認定調査項目のうち行動関連項目等（12項目）の合計点数が10点以上である必要があります。行動関連項目等とは、意思表示、説明の理解、異食行動、大声・奇声を出す、多動・行動停止などの12項目を0～2点で評価します。

■ 重度訪問介護

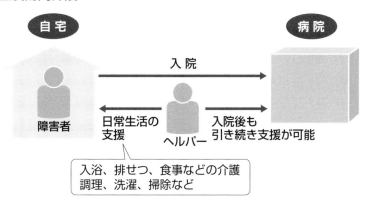

4 同行援護について知っておこう

視覚障害者の外出支援の範囲が決められている

◉ 同行援護とはどんなサービスなのか

　視覚障害者にとって、外出をすることは困難で家に閉じこもりがちになってしまう傾向があるようです。障害者の自立をめざす上で望ましいとはいえません。また、国や地方公共団体によって、公共交通機関や歩道などのバリアフリー化が進められていますが、安心して外出できるレベルには達していないのが現状ではないでしょうか。

　そこで同行援護によって、視覚に障害があり、移動が困難な障害者が生活できるよう、障害者が外出する際に必要な情報を提供したり、障害者の移動に同行して支援を行います。従来は視覚障害者への移動支援という位置づけでしたが、2011年の法改正によって、外出中や外出先での視覚情報の支援という位置づけになりました。

　同行援護を利用できる対象者は、視覚障害により、移動に著しい困難を有する障害者などです。さらに、同行援護アセスメント調査票によって、調査項目中の「視力障害」「視野障害」「夜盲」のいずれかが1点以上で、なおかつ「移動障害」の点数が1点以上である必要があります。身体介護がともなわない場合は、障害者認定区分がなくても利用可能となっています。

　これに対して、身体介護がともなう場合には、障害支援区分が2以上の障害者が対象です。さらに、障害支援区分の認定調査項目において、「歩行」「移乗」「移動」「排尿」「排便」について、いずれか1項目でも支援が必要な状態であることが必要です。

● 同行援護の対象となる外出とは

　視覚障害者などの外出時に付き添うヘルパーは、移動中や目的地において、移動の介護、排せつ、食事の介護、代筆・代読、危険回避のために必要な支援を行います。外出を支援するサービスだけでなく、移動先での代筆や代読も提供できる点が特徴で、役所や病院などで何かを読んでもらうことが可能です。ただし、すべての外出が支援の対象となるわけではなく、通勤や営業活動などのための外出、一年を通じた長期の外出の他、パチンコに行くなど、同行援護の対象に社会通念上不適切な外出は対象となりません。具体的に同行援護の支援範囲となるのは、日常生活での買い物や通院、公的機関・銀行などへの外出、社会参加、余暇活動・スポーツなどです。なお、原則として1日の範囲内で用務を終えるものでなければなりません。

　また、支援サービスの始まりと終わりの場所は、自宅でなくてもよく、病院から自宅までの支援でも可能とされています。

　介護保険の対象者でも、同行援護を利用できる場合があります。同行援護のサービス内容は、介護保険サービスの中にないからです。しかし、買い物や通院などの場合、介護保険サービスの訪問介護と重なる部分が多く、市町村によっては認められない可能性もあります。

■ 同行援護

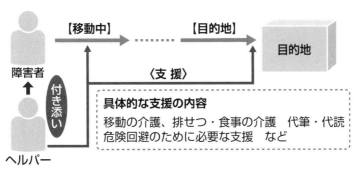

第2章　さまざまな支援サービスのしくみと手続き　55

5 行動援護について知っておこう

障害者の行動にともなう危険回避の援助を行う

● 行動援護とはどんなサービスなのか

　行動援護は、知的障害や精神障害により行動上著しい困難があり、常時介護を必要とする障害者に対して提供します。支援内容は、移動する際に生じる危険を回避するために必要な援助や、外出時における移動中の介護などを行うことです。

　行動援護の具体的なサービスは、制御的対応、予防的対応、身体介護的対応に分けられます。制御的対応とは、障害者が突然動かなくなったり、物事に強いこだわりを示すなどの問題行動に適切に対応することをいいます。予防的対応とは、障害者が初めての場所で不安定になったり、不安を紛らわすために不適切な行動を起こさないように、前もって不安を取り除く対応をいいます。そして、身体介護的対応とは、便意の認識ができない障害者の介助、食事介助、衣類の着脱の介助などを指します。場合によっては、情緒不安定に陥り自傷行為を行うケースもあるため、他人に対する危険以外にも注意を配らなければなりません。この制御的対応や予防的対応が、移動する際に生じる危険を回避するために必要な援助に該当します。

　知的障害者や精神障害者は、障害の程度によって自分の行動や感情をコントロールすることが難しい場合があります。たとえば、突然泣き出したり、大声を出したり、相手に危害を加えたりすることがあります。また、日々のルーティンと異なることで不安になる場合もあります。そういった状況において、制御的対応や予防的対応を主とした行動援護をうまく活用することで、知的障害者や精神障害者も社会生活を過ごすことができます。

● 対象者となる障害の程度とは

　対象になるのは行動上著しい困難を有する障害者です。具体的には、障害支援区分が3以上で、障害支援区分の認定調査項目のうち行動関連項目等（12項目）の合計点数が10点以上である者が対象となります。なお、障害児については、これに相当する支援の度合いであれば対象となります。

　実際の対象者の例としては、統合失調症などを有しており、危険回避などができない重度の精神障害者、てんかんや自閉症などを有する重度の知的障害者、そして自傷・異食・徘徊などの危険を有する人などが挙げられます。

　障害者の特性に合わせて、制御的行動や予防的対応を行わなければならないため、行動援護を行うヘルパーも高い知識と経験が必要になってきます。2021年4月以降は、ヘルパーの資格要件として養成研修を修了し、知的障害者や精神障害者への直接処遇経験が1年以上必要となります。よりよい支援を行うため、資格要件を厳しくしています。現在は、経過措置として、介護福祉士など一定の資格と直接処遇経験2年以上があれば行動援護を提供できます。

■ 行動援護

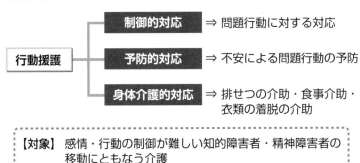

6 重度障害者等包括支援について知っておこう

複数のサービスを組み合わせて利用する

● 重度障害者等包括支援とはどんなサービスなのか

　重度障害者の場合、多くの介護や支援が必要となるケースが多く、想定していなかったサービスが急に必要となる可能性も高いといえます。そのため、対象者が日常生活においてさまざまなサービスを心身の状態などに合わせて臨機応変に利用できることが必要になります。つまり、重度障害者等包括支援の対象者は、居宅介護、同行援護、重度訪問介護、行動援護、生活介護、短期入所、共同生活介護、自立訓練、就労移行支援及び就労継続支援といった複数のサービスを包括的に利用できます。

　重度障害者等包括支援のサービスの対象者は、障害支援区分6に該当し、意思疎通が著しく困難な障害者です。その上で、重度障害者をⅠ類型、Ⅱ類型、Ⅲ類型に分類しています。重度障害者等包括支援事業者は、運営規定の中で事業の対象者としてⅠ～Ⅲ類型を明記する必要があります。

　Ⅰ類型とⅡ類型は、四肢すべてに麻痺があり、常時寝たきり状態である者です。さらに、Ⅰ類型の場合は、筋ジストロフィーや脊椎損傷など人工呼吸器で呼吸管理をしている身体障害者が該当します。Ⅱ類型は、最重度の知的障害者が該当します。

　Ⅲ類型は、障害支援区分の認定調査項目の行動関連項目により判断され、強度行動障害者などが該当します。

● 事業者は具体的にどのように支援を行うのか

　重度障害者等包括支援は複数のサービスを組み合わせて提供されま

す。具体的には、朝夕の食事などの介護を重度訪問介護、日中は事業所へ移動し、入浴などの生活介護をそれぞれ行い、切れ目のないサービスを提供します。また、家族の入院など緊急時や障害者本人の通院時は、重度訪問介護で夜間の見守りや通院支援を行います。家族の介護負担を減らすために、泊まりの短期入所を組み合わせる場合もあります。すべての事業を同一の事業所で提供することは難しい場合は、他事業所と連携して提供することも可能です。その場合においても、利用者の状態変化で生じたニーズに臨機応変に対応する体制や、緊急なサービス内容の変更への調整を行えるように事業所間で連絡を密にしておく必要があります。

　しかし、事業所側にとっては、複数のサービスの提供に加え、急に介護や支援が必要になった場合の緊急の要請にも備えなければならないため、非常に負担の大きいサービスです。そのため、実施事業者数、利用者数ともに伸び悩んでいるのが現状です。

　なお、利用者は原則として１割の利用料を負担します。もっとも、一定の金額を上限として定め、利用者の負担が過度にならないように配慮しています。その際には、利用者の所得（18歳以上の障害者は本人と配偶者の所得）を基準に上限額を算定します。

■ 重度障害者等包括支援

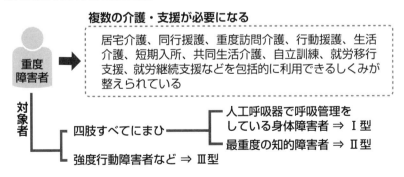

第2章　さまざまな支援サービスのしくみと手続き　59

7 短期入所について知っておこう

介護者のリフレッシュも兼ねる

◉ 短期入所とはどんなサービスなのか

　短期入所は、通常、自宅での介護サービスを受けている人が、その介護者の病気、冠婚葬祭への出席、公的行事への参加などの理由から、施設で短期間生活する際に受けることのできるサービスのことで、ショートステイとも呼ばれます。介護者が不在となる障害者を、一時的に預かり、必要に応じて排せつ、食事、入浴などの介護や支援を行います。また、急速な高齢社会が進み、障害者の介護にあたる家族の高齢化も進んでいます。短期入所は、家族の介護の負担軽減を図る制度としても期待されています。

　このサービスは、福祉型と医療型に分かれています。どちらも身体障害者、知的障害者、精神障害者を問わず利用することができます。福祉型は、障害者支援施設などで実施されており、対象となるのは、障害支援区分1以上の障害者、または、障害児に必要とされる支援の程度に応じて厚生労働大臣が定める区分において、区分1以上に該当する障害児です。医療型は、病院、診療所、介護老人保護施設で実施されており、対象者は遷延性意識障害児（者）や重症心身障害児（者）などです。

　短期入所サービスを利用できる日数は、各市町村の判断によって決定されます。短期入所は介護者の急用などで突然利用が必要になることも多いため、すぐに利用予定がない場合でも、事前に利用申請をしておくことができます。

　短期入所サービスは、地域社会において必要不可欠なサービスとなっています。一般的には障害者支援施設に併設しているため、設備

や人員面に関しても安心してサービスを利用することができます。

● 短期入所サービスの役割とは

　サービスの利用理由は、介護者の病気など、緊急、臨時的に介護が必要という理由だけでなく、旅行や休息など、普段介護に疲れている家族がリフレッシュすることを目的としたものでもかまいません。家族がリフレッシュするために、一時的に介護を離れ、障害者を預かることをレスパイトケアといいます。

　近年では、介護のため時短勤務や、場合によっては離職して介護をしなければならないケースが増えてきました。日本では家族が介護をするという考え方がまだまだあるからです。しかし、短期入所サービスのように気軽にレスパイトケアとして利用することが可能なサービスが増えてくれば、そういった介護者の負担軽減になり、介護者の社会進出も可能になります。

　短期入所サービスは、障害者の一時的な介護や支援を提供するだけでなく、介護者の受け皿として機能する身近なサービスでもあります。

■ 短期入所 ･･･

```
                    ┌─ 福祉型
短期入所  ───────────┤    障害者支援施設などで実施
                    │    （対象）障害支援区分１以上の障害者など
   │                │
   │                └─ 医療型
   │                     病院・診療所・介護老人保護施設で実施
   ↓                     （対象者）遷延性意識障害者・重症心身障害者など

  役 割
```

● 介護者の病気、冠婚葬祭への出席、公的行事への参加などの緊急な場合に、施設などで必要なサービスを臨時に受けることができる
● 介護に疲れた家族のリフレッシュのために利用する（レスパイトケア）

第2章　さまざまな支援サービスのしくみと手続き　**61**

8 施設入所支援について知っておこう

施設に入所して夜間の生活支援を行う

● 施設入所支援とはどんなサービスなのか

　施設入所支援は、障害者総合支援法で定められた自立支援給付のうち、介護給付に含まれる障害福祉サービスです。施設に入居する障害者に対し、夜間を中心に排せつや入浴、食事といった日常生活の介護や支援、生活に関する相談や助言を行うサービスです。そのため、施設に通所することが困難な障害者のケアを担う重要なサービスだといえます。日中時間帯は、就労移行支援事業や生活介護事業などを利用します。1日の時間帯ごとに適切なサービスが配置されていることで、障害者の1日の生活すべてにおいて、必要なケアが行き届くしくみが採用されています。

　以前まであった入所更生施設は、日中と夜間のサービスを一体的に提供していました。しかし、「日中に適した訓練が施されるが、その施設には住居機能がない」、逆に、「住居機能があるがその施設では満足な訓練が受けられない」ということになると不都合が生じるケースがありました。そういった背景があり、法改正が行われたことで、施設入所支援は自分に合った日中活動や夜間のケアを選択することができるようになりました。

　利用者は、施設でのサービスを日中のサービスと夜間のサービスに分けることで、サービスの組み合わせを選択できます。このサービスを利用する場合には、利用者一人ひとりの個別支援計画が作成され、その計画に沿ってサービスが提供されます。

　また、施設入所支援を利用する障害者は、地域移行支援の対象でもあります。そのため、個別支援計画を作成する際には、地域移行も想

定して作成しなければなりません。その障害者がどんな生活が適しているのか、どんな支援が必要なのかを意識して作成する必要があり、障害者本人中心の支援計画を作成することが求められています。

● どんな人が利用できるのか

施設入所支援の利用者は、日中に就労移行支援や自立訓練を利用している人で、かつ夜間の介護を必要とする人を対象としています。常時介護などの支援が必要な障害者が該当します。

具体的な対象者は、①生活介護を受けている障害支援区分4以上の人（50歳以上の場合は障害支援区分が3以上）、②自立訓練、就労移行支援または就労継続支援B型を受けている人で、施設に入所して訓練を行うことが必要的・効果的だと認められる人、③障害福祉サービスの提供状況などその他やむを得ない事情で通所による介護などを受けることが困難で、就労継続支援A型を受けている人などです。

施設入所支援を希望する場合は、障害福祉サービスの利用申請と異なるので注意が必要です。

■ 施設入所支援

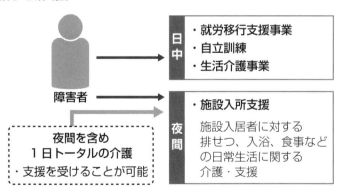

9 療養介護について知っておこう

医療機関で介護と医療的ケアを行う

● 療養介護とはどんなサービスなのか

　療養介護とは、「障害者総合支援法」で定められた自立支援給付のうち、介護給付に含まれる障害福祉サービスです。障害の種類によっては、食事介助や排せつの介助だけでなく、医療的なケアを要するものもあります。具体的には、ALS（筋萎縮性側索硬化症）や筋ジストロフィー患者、重症心身障害者が該当します。長期の入院が必要である障害者のためのサービスとなっています。

　療養介護では、難病患者や重症心身障害者が、病院などの医療機関に長期入院して、機能訓練や看護などの医療的ケアとともに、食事や排せつなどの介護を受けることができます。つまり、日常的な介護の他に、医療行為の提供などを受けることができ、これを療養介護医療と呼んでいます。

　療養介護の対象者は、ALSなどを患っており、気管切開をともなう人工呼吸器による呼吸管理をしている人で障害支援区分6の人、または筋ジストロフィー患者か重症心身障害者で障害支援区分5以上の人で、いずれの場合も長期入院や常時の介護を必要とする人を対象としています。

　療養介護を利用するためには市町村に申請し、障害支援区分についての認定を受けなければなりません。障害支援区分には有効期間があり、3か月から3年の期間内で期間が決定されます。さらに支給を受けるためには、指定特定相談支援事業者が作成したサービス等利用計画案を提出し、支給決定を受けなければなりません。サービスの利用開始後も、利用者の実情に合ったサービスを提供するため、事業者は

１年ごとにモニタリングを行い、利用計画を見直します。支給決定の更新もそれに基づいて決定されます。

◉ 療養介護も選択肢のひとつになっている

　療養介護は、医療的ケアを必要とする障害者が長期入院をすることを想定して作られたサービスです。医療の発達や機能訓練などで、必ずしも療養介護を利用しなければならないわけではありません。筋ジストロフィー患者の中には、自らの意思で療養介護を継続した人もいれば、自宅で自立生活を送っている人もいます。なお、自立生活を行う場合は、重度障害者等包括支援を利用することになります。

　難病患者や重症心身障害者は、体を動かすことや意思疎通が困難である場合があります。しかし、こういう生活がしたいという意思や感情までなくなったわけではありません。障害が重いから入院しかできないではなく、療養介護はあくまで選択肢のひとつであり、障害者本人の意思を優先し、望んでいる生活が可能となるサービスや支援の拡充が必要となっています。

■ 療養介護 ……………………………………………………………

【対象】長期入院・常時介護が必要な障害者
● ALS（筋萎縮性側索硬化症）などにより気管切開をともなう人工呼吸器による呼吸管理をしている障害支援区分６の人
● 筋ジストロフィー患者・重症心身障害者で障害支援区分５以上の人

受けられるサービス

〈日常的な介護〉
食事、入浴、排せつの管理など

＋

〈療養介護医療〉
医療行為や看護など

第2章　さまざまな支援サービスのしくみと手続き　65

10 生活介護について知っておこう

日常生活の介護から創作的活動まで支援する

● 生活介護とはどんなサービスなのか

　生活介護とは、「障害者総合支援法」で定められた自立支援給付のうち、介護給付に含まれる障害福祉サービスです。昼間に障害者支援施設など適切にサービスを行うことができる施設で、排せつや入浴、食事などの基本的な日常生活上の介護だけでなく、対象者の生産活動や創作的活動のサポートも受けられます。施設に入所している障害者も昼間の間、生活介護を利用することができます。

　生活介護の対象者は、常時の介護を必要とする身体障害、知的障害、精神障害にかかわらず、障害支援区分3以上の人です。生活介護は施設入所者の場合、障害支援区分4以上の人が対象となります。4以下の場合でも、市町村により利用の組み合わせが必要と判断されれば対象となります。また、年齢が50歳以上の場合は、障害支援区分2以上で利用が可能です。障害児の利用はできません。

　施設には利用者の障害支援区分に応じて、看護師、理学療法士、作業療法士などが配置されています。

　生活介護を利用するためには市町村に申請し、障害支援区分についての認定を受けなければなりません。障害支援区分の有効期間、支給を受けるための過程については療養介護と同じです（64ページ）。療養介護と同様にモニタリングが行われますが、療養介護が1年ごとに行われるのに対して、生活介護の場合は、通常6か月ごとにモニタリングが行われます。

● 生産活動や創作的活動の意義とは

　生活介護の特徴は、日常生活上の介護だけでなく、生産活動や創作的活動を提供することにあります。つまり、障害者が日常生活を送る上で必要な介護などを提供するとともに、さまざまな活動に取り組み、社会参加への足がかりを作ることに目的があります。生産活動や創作的活動の具体例としては、手芸などの自主製品の製作や、パンやクッキーの製造、趣味活動などのサポート、企業からの内職など多種多様なものがあります。

　こういった活動は、製作や内職をして工賃を稼ぐためではなく、健康の維持・増進、自立に向けた自信や生活意欲の醸成、経験値の拡充などの目的があります。

　生活介護の利用者は、比較的、障害支援区分が高い人が多く、この生産活動や創作的活動の内容を充実させることは、前述した目的達成のために重要な要素になります。たとえば、内容を充実させるために、製作をただの作業で終わらせず、創作活動の成果を発表する場を設ける、就労支援施設との連携を図るなどが考えられます。

■ 生活介護

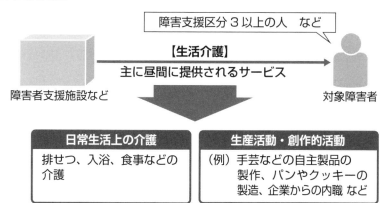

11 自立訓練について知っておこう

機能訓練と生活訓練では対象者が違う

● 自立訓練とはどんなサービスなのか

　自立訓練とは、自立支援給付のうち、訓練等給付に含まれる障害福祉サービスです。病院や施設を退院した人が、地域社会で自立した生活を営むことができるように、身体機能の訓練や生活能力の維持・向上のためのサービスが受けられます。自立訓練は、身体障害者を対象とした機能訓練と、知的障害者・精神障害者を対象とした生活訓練に分けられます。

・機能訓練

　機能訓練とは、身体障害者の身体機能の維持回復に必要な訓練を行うサービスです。具体的には、理学療法士や作業療法士によるリハビリテーションや、日常生活を送る上での相談支援などを行います。利用者の状況に応じて、通所と訪問などのサービスを組み合わせて訓練を行います。

　機能訓練のサービスを利用するためには、指定特定相談支援事業者が作成したサービス等利用計画案を市町村に提出し、支給決定を受けなければなりません。障害支援区分は必要ありませんが、サービスの長期化を防ぐため18か月間の標準利用期間が設定されています。また、利用者が安定して地域生活を営むことができるように、定期的な連絡・相談を行うため、原則として6か月ごとにモニタリングが実施されます。

・生活訓練

　生活訓練とは知的障害者と精神障害者の生活能力の維持と向上に必要な訓練を目的とした障害福祉サービスです。地域の中で生活をする

68

ために、事業所への通所や利用者の自宅への訪問を通じて必要な訓練を実施します。具体的には、食事や家事など日常生活能力を向上させるための訓練を行います。

　生活訓練のサービスを利用するためには、指定特定相談支援事業者が作成したサービス等利用計画案を市町村に提出し、支給決定を受けなければなりません。障害支援区分は必要ありませんが、サービスの長期化を防ぐため24か月間の標準利用期間が設定されています。この標準利用期間は、長期間、入院・入所していた人については36か月間に延長されます。また、定期的な連絡・相談を行うため、機能訓練と同様、原則として6か月ごとにモニタリングが実施されます。なお、生活訓練には、積極的な地域移行を図ることを目的として、施設に宿泊して夜間における生活訓練を行う宿泊型自立訓練も設けられています。

■ **機能訓練と生活訓練の違い** ……………………………………

	機能訓練	生活訓練
利用者	地域生活を営む上で、身体機能生活機能の維持・向上等の必要がある身体障害者。以下の①②などが主な対象者。 ①病院などを退院した者で、身体的リハビリテーションの継続や身体機能の維持・回復などの支援が必要な者 ②特別支援学校を卒業した者で、身体機能の維持・回復などの支援が必要な者	地域生活を営む上で、生活能力の維持・向上等の必要がある知的障害者・精神障害者。以下の①②などが主な対象者。 ①病院などを退院した者で、生活能力の維持・向上などの支援が必要な者 ②特別支援学校を卒業した者や継続した通院により症状が安定している者で、生活能力の維持・向上などの支援が必要な者
サービス内容	身体的リハビリテーションの実施　など	社会的リハビリテーションの実施　など

第2章　さまざまな支援サービスのしくみと手続き　**69**

12 就労支援について知っておこう

障害者が就労するのに必要な知識や技能に関する支援を行う

● 就労移行支援とはどんなサービスなのか

　就労移行支援とは、障害者総合支援法で定められた自立支援給付のうち、訓練等給付に含まれる障害福祉サービスです。障害者が一般就労を希望する場合や、独立開業をめざす場合に、就労に必要な能力や知識を得るための訓練が受けられます。

　就労移行支援の対象者は、サービス利用開始時に65歳未満の障害者で、一般企業への就労を希望する人や、技術を習得し、在宅で就労などを希望する人を主な利用者として想定しています。65歳以上の障害者であっても、65歳になる前の5年間の間に、障害福祉サービスの支給決定を受けており、65歳になる前日の段階で、就労移行支援の支給決定を受けていた人については、引き続き就労移行支援を受けることが認められています。

　就労移行支援事業は、大きく以下の4つの段階に分類して、必要な支援を行います。

① **基礎訓練**

　就労移行支援事業所において、一般的な労働に必要な基礎的な知識・技能に関する支援を受けることができます。具体的には、基礎体力向上に関する支援、集中力や持続力などの習得に関する支援などを通じて、利用者一人ひとりの適性や就労に向けた課題を見つけることが目的です。

② **実践的訓練**

　マナーや挨拶、身なりなど、実際に就職した場合に必要になる基本スキルの習得に関する支援が行われます。また、実際に職場見学に行

き、実習を行うなど、利用者は就労後の直接的なイメージをつかむことができます。

③　事業者とのマッチングなど

　求職活動のサポートなどを通じて、個別の利用者にふさわしい職場への就職をめざした支援が行われます。この際には、ハローワークや事業者との間で連携を取り、事業者との間で試行雇用（トライアル）や、事業所内での職場適応訓練などが行われます。

④　就職後のフォロー

　事業者が、障害者を雇うことにした後も、ハローワークなどの関係機関と連携して、障害者の適性や希望に応じた職場を作り出す必要があります。とくに、障害者が職に就いた後もその職場に定着することができているかどうかを確認し、支援を続ける必要があります。なお、就労移行支援期間中の訓練であっても、訓練を受けている間の工賃（賃金）が障害者に支払われます。

　就労移行支援のサービスを利用するためには、指定特定相談支援事業者が作成したサービス等利用計画案を市町村に提出し、支給決定を受けなければなりません。障害支援区分は必要ありませんが、24か月間の標準利用期間が設定されています。ただし、必要性が認められる場合に限り、最大で12か月について、サービスの更新を受けることができます。また、サービスを利用して就職をした人は、原則として6か月間、就労移行支援事業者からの継続的な支援が受けられます。

● 就労継続支援Ａ型（雇用型）とはどんなサービスなのか

　就労継続支援とは、障害者総合支援法で定められた自立支援給付のうち、訓練等給付に含まれる障害福祉サービスです。一般企業に就労するのが困難な障害者に対して就労や生産活動の機会を提供し、能力や知識の向上を目的とした訓練が受けられます。

　就労継続支援にはＡ型とＢ型の２つのタイプがあります。

第2章　さまざまな支援サービスのしくみと手続き　71

就労継続支援Ａ型は、雇用型とも呼ばれ、雇用契約に基づく就労が可能と見込まれる65歳未満の障害者が対象です。具体的には就労移行支援事業で一般企業の雇用が実現できなかった人や、盲・ろう・養護学校卒業後就職できなかった人、そして一般企業を離職した人や就労経験のある人を対象としています。就労移行支援と同様で、65歳以上の障害者であっても、65歳になる前の５年間の間に、障害福祉サービスの支給決定を受けており、65歳になる前日の段階で、就労継続支援Ａ型の支給決定を受けていた人については、引き続き就労継続支援Ａ型の支援を受けることが認められています。

　具体的な支援については、主に以下の２つに分類することができます。

① 働く機会の提供

　就労継続支援Ａ型においては、障害者は、就労継続支援Ａ型事業所で働くことができます。そのため、就労継続支援Ａ型のもっとも重要な支援として、障害者に雇用を通じた物の生産活動などの働く機会を提供することにあります。注意が必要なのは、就労継続支援Ａ型の利用者は、全員が雇用契約を締結しなければならないわけではありません。つまり、就労継続支援Ａ型事業所との間で雇用契約を結ぶことなく、サービスを利用することができます。ただし、利用者の定員の半数（定員が20名の場合９名を超えることはできません）の範囲に限られます。

② 一般的な企業への就職に向けた知識・技能習得のための支援

　就労継続支援Ａ型の最終的な目標は、あくまでも、利用者が一般企業に就職することです。そのためには、就労継続支援Ａ型事業所で働く中で、一般企業で就職するのに必要な挨拶などの就労習慣や、さまざまな業種をこなすための技能を習得するための支援が行われます。

　就労継続支援Ａ型においては、雇用契約を締結するので、就労継続支援Ａ型のサービス利用者は労働者として扱われ、労働基準法などの適用を受けます。また、事業者は障害者に対して工賃（賃金）を支払

う必要があります。工賃は原則としてその地域の最低賃金が保障されます。

就労継続支援のサービスを利用するためには、就労移行支援と同様に、指定特定相談支援事業者が作成したサービス等利用計画案を市町村に提出し、支給決定を受けなければなりません。ただし、A型のサービス利用者は施設と雇用契約を結んでいるので、就労移行支援のような標準利用期間は設定されていません。

● 就労継続支援B型（非雇用型）とはどんなサービスなのか

就労継続支援B型は、非雇用型とも呼ばれ、雇用契約を結ぶA型とは異なり、雇用契約を結ばずに、就労の機会や居場所を提供し、就労支援を行います。就労継続支援B型の特徴は、年齢や体力などが理由で、負担の大きな仕事に就くことができない障害者を対象に、軽作業などを中心に行う中で、必要な職業訓練などが行われる点にあります。就労移行支援や就労継続支援A型に移行する前提として、就労継続支援B型を利用することも可能であり、一般的な就職を希望する利用者に対しては、就労継続支援B型の中でも、一般就労に必要な知識や技術に関する支援が行われます。

■ 就労継続支援A型

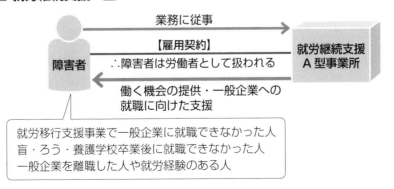

就労継続支援B型の対象者は、通常の事業所に雇用されることが困難な障害者で、具体的には、就労移行支援事業を利用したが一般企業の雇用に結びつかずB型利用が適当と判断された人、一般企業に就労経験があり、年齢や体力的に雇用が困難と予想される人、あるいは、50歳に達しているか、障害基礎年金1級受給者など、就労の機会を通じて生産活動に関する知識や能力の向上が期待される人を対象としています。

　具体的な支援については、主に以下の2つに分類可能です。

① **働く機会の提供**

　就労継続支援B型においては、障害者は、雇用契約こそ結びませんが、就労継続支援B型事業所で働くことができます。そのため、就労継続支援A型と同様で、重要な支援として、障害者に雇用を通じた物の生産活動などの働く機会を提供することが挙げられます。就労継続支援B型のサービスを利用する利用者は、手芸などの自主製品の製作やパンやクッキーの製造などの作業を行い、作業分を工賃（賃金）として受け取ります。比較的自由に自分のペースで働くことができます。

② **一般的な企業への就職に向けた知識・技能習得のための支援**

　就労継続支援B型の利用者の中には、最終的には一般企業などへの就職をめざして、就労継続支援A型や就労移行支援への移行を希望する利用者もいます。そこで、就労継続支援B型事業所で働く中で、一般企業で就職するのに必要な挨拶などの就労習慣や、さまざまな業種をこなすための技能を習得するための支援も行われます。

　B型のサービスを利用するためには、A型と同様の手続を経て、支給決定を受けなければなりません。また、A型の場合と同様に、標準利用期間の制限もありません。

● 就労定着支援

　就労定着支援とは、就労移行支援などの結果、一般企業などに就職

することになった障害者に対して、就労にともなって生じるさまざまな問題に対する支援を行います。

障害者は、就職の前後で環境に大きな変化が生じるため、日常生活などにおいても、問題を抱えるケースも少なくありません。そこで、具体的な支援としては、障害者からの相談に応じて、生活上の問題点を把握して、問題点を克服する上で必要な事業者などとの連絡調整などを行います。障害者に就労定着支援事業所に来所してもらう場合もあれば、障害者の自宅や職場に、就労定着支援事業所の職員が訪問することで、収支の管理や体調の管理に必要なアドバイスや支援を行います。

就労定着支援の対象者は、就労移行支援や就労継続支援（A型・B型）などを通じて、一般企業などに就職した障害者のうち、就労後6か月を経過した人が対象になります。たとえば、就労移行支援を例に挙げると、就労後6か月を経過するまでの間のサポートが含まれていますので、就労定着支援は、その後の就労支援を行う重要な制度といえます。サービスの利用期間は3年間です。

■ 就労継続支援B型

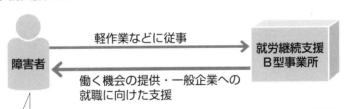

第2章　さまざまな支援サービスのしくみと手続き

13 自立生活援助・就労定着支援について知っておこう

一人暮らしや就労定着の継続支援を行う

● 自立生活援助とはどんなサービスか

　自立生活援助とは、これまで施設入所支援や共同生活援助（グループホーム）の利用者となっていた人たちを対象として行われるサービスです。これまでは一人暮らしをすることが難しいと思われていた障害者が、アパートなどで一人で生活できるようにすることが目的です。そのため、自立生活援助の対象者は、障害者支援施設などを利用していた、一人暮らしを希望する障害者です。

　サービスの内容としては、定期的に自宅を巡回訪問したり、必要なときには随時対応することにより、障害者が円滑に地域生活を送ることができるよう、相談や助言などを行います。知的障害や精神障害で理解力や生活力が不十分であるために、一人での生活を選択できないような場合に利用されます。

　このサービスが創設された背景には、深刻に進む障害者の高齢化問題への対策という意味合いがあります。今後、障害者を受け入れる施設やグループホームが不足することが想定されるため、年齢が若かったり、障害の程度が軽い人については、なるべく施設などからアパートなどに移り、地域生活を送ることができるようにすることをめざしています。そして、これによって空きの出た施設やグループホームには、高齢であったり、障害の程度が重度な人を、優先的に入所させることになります。

● 就労定着支援とはどんなサービスなのか

　就労定着支援とは、生活介護や就労移行支援などを利用して一般の

企業に雇用された障害者の相談を受けたり、金銭管理などの生活上の課題を支援するサービスです。雇用されている企業、医療機関などとの連絡調整役となり、就労がなかなか定着しない精神障害者、知的障害者、発達障害者などを支援することを目的としています。

「自立生活援助」と「就労定着支援」は、2018年4月1日に創設された新しいサービスです。施設やグループホームから一人暮らしに移行したり、就労支援施設から新たに一般の企業に採用されるなど障害者の社会進出は増加しています。障害福祉サービスを利用していた人が、自立した生活へ変化することは負担が大きいといえます。そういった負担から、施設生活に逆戻りしたり、退職してしまうことは、社会にとっても本人にとっても好ましいことではありません。

自立生活援助や就労定着支援は、地域社会での自立をめざすため、障害者が徐々に日常生活や就労に慣れ、安心して地域での生活ができるようにサポートする専門的機関として機能することが期待されています。

■ 自立生活援助・就労定着支援

【自立生活援助】

自立生活援助の役割：
定期的な訪問相談の受付など
↓

1人暮らしを望む
知的障害者・
精神障害者
→ 障害者

アパートなど

生活の変化 ↑
施設入所支援、共同生活援助など

【就労定着支援】

就労定着支援の役割：
相談の受付、金銭管理など
↓

一般企業に雇用された
知的障害者・精神障害者・
発達障害者
→ 障害者

一般企業

就労の変化 ↑
就労移行支援事業所

第2章　さまざまな支援サービスのしくみと手続き　77

14 共同生活援助について知っておこう

比較的軽度な障害者の生活の場を提供する

● 共同生活援助とはどんなサービスなのか

　共同生活援助（グループホーム）は、障害福祉サービスの中で、自立支援給付の訓練等給付にあたります。地域の中で障害者が集まって共同で生活する場を設け、サービス管理責任者や世話人を配置して生活面の支援をするサービスです。

　主に昼間は就労継続支援や小規模作業所などのサービスを受けている知的障害者や精神障害者などを対象としています。つまり、介護サービスまでは必要ないものの、地域の中で１人で生活していくのが困難という障害者が利用するということです。障害者の場合、親や親族など支援をしていた人が亡くなったり、高齢になって支援できなくなることで、生活の場を失う恐れがあります。そのような障害者の受け皿として、グループホームの必要性は高まっています。また、障害者が社会の中で孤立することを防ぎ、安心して社会生活を送ることをサポートするという役割も担っています。

　グループホームの具体的なサービス内容は、日常生活上必要な相談を受ける、食事の提供、入浴、排せつ、金銭管理、健康管理、緊急時の対応などです。こういったサービスを直接提供するのが世話人の役目です。グループホームには居住者６人に対し１人の割合で世話人が配置されています。

　利用できる対象者は、身体障害者、知的障害者、精神障害者です。なお、身体障害者の場合は、65歳未満の人、65歳になる前に障害福祉サービスなどを利用したことがある人に限定されます。

● グループホームには種別がある

　グループホームには、介護サービス包括型、外部サービス利用型、そして2018年の法改正で新たに創設された日中サービス支援型に分類されます。介護サービス包括型は、相談や日常生活上の援助、食事や入浴などの介護を合わせて行うサービスです。一方で、外部サービス利用型は、相談や日常生活上の援助は行い、食事や入浴などの介護は外部の居宅介護事業を受ける形態です。日中サービス支援型は、障害者の重度化や高齢化に対応するために創設されたものです。日中においても常時の支援体制を確保する必要があります。その分世話人の配置も多くしなければなりません。

　グループホームは原則として障害者が共同で生活することを基本としています。しかし、グループホームの支援が不要となっても、支援がまったくないことで不安を抱え、なかなか自立できないといったケースもあります。そのため「サテライト型住居」が認められています。普段は民間のアパートなどで生活し、余暇活動や食事などは本体となるグループホームを利用する形態になります。

■ 共同生活援助 ……………………………………………………………………

共同生活援助（グループホーム）

★日常生活上必要な相談の受付け、食事の提供、入浴、排せつ、金銭管理、健康管理、緊急時の対応などを行う

介護サービス包括型
⇒ 必要なサービスを基本的にグループホームで行う

外部サービス利用型
⇒ 相談や日常生活上の援助をグループホームが行い、食事や入浴などの介護は外部の居宅介護事業により行う

日中サービス支援型
⇒ 障害者の重度化や高齢化への対応に重点を置く

15 医療支援のサービスについて知っておこう

障害の種類・程度・年齢等の事情をふまえた上で適切な医療が提供される

● 自立支援医療とはどんなものなのか

　自立支援医療とは、障害の軽減を図り、自立して日常生活や社会生活を送れるようにするために行われる医療費の公費負担制度です。

　自立支援医療は、従来別々に行われてきた、身体障害児の健全な育成や生活能力の獲得を図るための医療（旧育成医療）、身体障害者の自立と社会経済活動への参加促進を図るための医療（旧更生医療）、精神障害者が入院しないで受ける精神医療（旧精神通院医療）の３つが統合されたものです。それぞれの利用手続きは、以下のとおりです。

・**育成医療**

　実施主体は市町村、申請窓口は市町村の担当課

・**更生医療**

　実施主体は市町村、申請窓口は市町村の担当課

・**精神通院医療**

　実施主体は都道府県、申請窓口は市町村の担当課

　なお、肝臓移植、抗免疫療法（免疫抑制療法）の医療費負担の軽減を目的として、2010年４月から育成医療・更生医療の内容に肝臓の機能障害が加わっています。

　申請には、医師の診断書や意見書、健康保険証、さらにその人にとっての妥当な利用料を設定するため、所得に関する書類が必要になります。経済的事情で自立支援医療が受けられないという状態を避けるため、利用負担に関して、所得に応じた細かい区分や上限額が設定されています。申請の有効期間はいずれも１年で、期間が過ぎると更新が必要になります。

育成医療・更生医療を受けられるのは、基本的には、治療により状態がよくなる見込みがある、障害者手帳を持っている障害児（者）です。育成医療の対象は18歳までなので、その後は身体障害者更生相談所（身更相）の判定を経て、更生医療に切り替えて治療を続けます。精神通院医療は、状態を良くするために通院治療を続ける精神障害者が対象です。更生医療と同じく、判定を経る必要があり、その業務は精神保健福祉センターが担います。

　自立支援医療が必要だと認められた場合でも、自由に複数の医療機関を利用することはできません。対象者が利用する医療機関は、事情がある場合を除き、どこか1か所に絞らなければならないからです。

◉ 療養介護医療費とは

　障害福祉サービスを受けている者が、医療の他に介護を受けている場合に、医療費の部分について支給されるのが療養介護医療費・基準該当療養介護医療費です。対象者は、病院などに長期入院しており、医療的なケアの他に、常時介護が必要な身体障害者と知的障害者です。具体的には、障害支援区分6の障害者のうち、筋萎縮性側索硬化症（ALS）患者など人工呼吸器による呼吸管理が行われている人、障害支援区分5以上の筋ジストロフィー患者や重症心身障害者が対象に含まれます。

　主に昼間、日常生活の世話や医学的管理下での介護、療養上の看護・管理、病院や施設などでの機能訓練を受ける際に療養介護医療費が支給されます。

　また、障害福祉サービス事業を提供するための事業所・施設が基準該当事業所や基準該当施設（事業所や施設について、設備・運営基準のすべてを満たしていないが、一定の基準を確保していることから、サービスの提供や施設の運営が認められるもの）の場合、基準該当療養介護医療費が支給されます。

第2章　さまざまな支援サービスのしくみと手続き

● 自立支援医療を利用する場合の手続きと利用者の負担額

　自立支援医療の担当窓口は市町村の担当窓口です。申請後、判定が行われ、支給認定が行われると受給者証が交付されます。利用者は受給者証の交付後指定の医療機関で治療を受けることになります。

　自立支援医療の対象者であることが認定されると、指定自立支援医療機関の中から医療機関を選び、利用者が負担能力に応じて負担する金額で医療を受けることができます。

　また、利用者の負担を軽減するため、下図のような上限額が設定されています。「世帯」については、健康保険や共済組合で扶養、被扶養の関係にある全員、または国民健康保険に一緒に加入している全員のことを指すため、住民票上の「世帯」とは異なる場合があります。

■ 自立支援医療費の負担の上限額 ……………………………………

世帯の状況	月額の負担上限
生活保護世帯	0 円
市町村民税非課税世帯であり、本人収入が80万円以下の場合	2,500 円
市町村民税非課税世帯であり、本人収入が80万円を超える場合	5,000 円
所得に応じて課せられる市町村民税額が3万3000円未満の場合	医療保険の自己負担限度額（ただし、育成医療については5,000 円が上限額）
所得に応じて課せられる市町村民税額が3万3000円以上23万5000円未満の場合	医療保険の自己負担限度額（ただし、育成医療については1万円が上限額）
所得に応じて課せられる市町村民税額が23万5000円以上の場合	公費負担の対象外（ただし、高額治療継続者については、月額2万円が負担上限額）

16 補装具等の支援について知っておこう

利用者が義肢などを購入した上で、費用の補助が行われる

● 補装具等としてどんな用具が提供されるのか

　補装具とは、障害者等の身体機能を補完・代替し、かつ長期間にわたって継続して使用されるもので具体的には義肢、装具、車いすなどが該当します。

　障害者は、障害の程度によっては車椅子などの使用が欠かせなくなります。義肢や車椅子などの補装具は、市町村に申請することによって給付を受けることができます。この際には市町村は、身体障害者更生相談所などの意見を聴きながら、補装具費を支給すべきか否かを審査した上で、適切だと認めた人に対して、補装具費の支給決定を行います。支給決定を受けた障害者には、補装具費支給券が交付されます。

　請求方法は、利用者が補装具を購入した上で市町村の担当窓口へ自己負担額を除いた金額を請求し、市町村の支給決定によって給付金を支払うという流れになります。具体的には、購入時点においては、補装具業者との間で、利用者が購入などの契約を結びます。その際に、補装具費支給券を提示した上で、一度、利用者自身が購入費用を負担しなければなりません。その後、領収書に補装具費給付券を添付して、市町村に対して請求を行います。これにより、自己負担額を差し引いた金額について、償還を受けることができるという制度がとられています。これを償還払方式といいます。市町村が利用者の状況などを考慮した上で、代理受領方式をとることも可能です。代理受領方式とは、利用者が補装具を購入する時点で、自己負担額のみを支払うことで、補装具の引渡しを受けることができる制度です。その際に、利用者は補装具の製作業者に対して、代理受領に関する委任状と補装具費支給

第2章　さまざまな支援サービスのしくみと手続き　83

券を手渡します。そして、後に製作業者から、市町村に対して、利用者から手渡された委任状・補装具費支給券を提示して、補装具に関する給付費に相当する金額の支払いを請求し、製作業者が、支給された金額を受け取ります。

　障害者の費用負担については、利用者が負担すべき額は最大でも1割とされているため、障害者は最大で、補装具を利用する費用の1割を負担することになります。利用者負担以外の部分については、公費負担になります。このうち、国が2分の1を負担し、都道府県・市町村がそれぞれ、4分の1ずつを負担します。

　ただし、所得の状況によって以下のような負担上限額が定められています。

・生活保護受給世帯：0円（障害者の自己負担なし）

・市町村民税非課税世帯：0円（障害者の自己負担なし）

・市町村民税課税世帯3万7200円

　注意しなければならないのは、所得制限が設けられているということです。つまり、障害者本人あるいは、その障害者が含まれる世帯のうち、いずれかの人が、市町村民税所得税における納税額が46万円以上の場合には、補装具費の支給を受けることができません。

● 補装具の要件

　補装具として認められるためには以下の3つの要件を満たしていなければなりません。

①　障害個別に対応して設計・加工されており、身体の欠損もしくは損なわれた身体機能を補完・代替するもの

②　同一製品を継続して使用するという条件があり、身体に装着して日常生活・就労・就学に使用するもの

③　医師などの診断書や意見書に基づいて使用されるもの

　具体的な補装具の種類には次ページの図のようなものがあります。

84

■ 補装具の種類 ……………………………………………………

義肢
義手、義足
装具
下肢、靴型、体幹、上肢
座位保持装置
姿勢保持機能付車いす、姿勢保持機能付電動車いす、など
盲人安全つえ
義眼
眼鏡
矯正眼鏡、遮光眼鏡、コンタクトレンズ、弱視眼鏡
補聴器
高度難聴用ポケット型、高度難聴用耳かけ型、重度難聴用ポケット型、重度難聴用耳かけ型、耳あな式（レディメイド）、耳あな式（オーダーメイド）、骨導式ポケット型、骨導式眼鏡型
車いす
普通型、リクライニング式普通型、ティルト式普通型、リクライニング・ティルト式普通型、手動リフト式普通型、前方大車輪型、リクライニング式前方大車輪型、片手駆動型、リクライニング式片手駆動型、レバー駆動型、手押し型、リクライニング式手押し型、ティルト式手押し型、リクライニング・ティルト式手押し型
電動車いす
普通型時速4.5キロメートル、普通型時速6キロメートル、手動兼用型、リクライニング式普通型、電動リクライニング式普通型、電動リフト式普通型、電導ティルト式普通型、電導リクライニング・ティルト式普通型
座位保持いす
起立保持具
歩行器
頭部保持具
排便補助具
歩行補助つえ
重度障害者用意思伝達装置

第2章　さまざまな支援サービスのしくみと手続き　**85**

● 補装具の借受けに対する支援

　補装具は、個別の障害者に適合するように、製作されていますので、補装具費用の支給対象になるのは、原則として、利用者が補装具を購入する場合が想定されています。しかし、以下の場合には、補装具の借受けについても、必要な費用の支給を受けることができます。

・身体の成長によって、短期間のうちに補装具の交換が必要になると認められる場合
・障害の程度が進行することが予測され、補装具の使用期間が短く、交換などが必要になると認められる場合
・補装具の購入について、複数の補装具などの比較が必要であり、借受けが適当だと認められた場合

　補装具の借受費用の支給を受ける手続きは、購入の場合の手続きと同様です。借受期間中は、毎月補装具費が支給されることになりますが、補装具費支給券については、借受期間の最初の月に、支給決定通知書と合わせて、借受期間にあたる月数分が交付されます。借受けから補装具の交換までの期間は、原則として1年間です。ただし、市町村・身体障害者更生相談所などが必要性を認めた場合には、大体1年ごとに判定・支給決定を行うことで、約3年間まで、補装具の交換までの期間を伸長することができます。

　借受期間の終了にあたっては、利用者は、補装具について購入可能であるのか、あるいは継続して、借受けによる給付を希望するのかを選択することができます。この際には、再び市町村による支給決定の手続が必要になりますので、改めて身体障害者更生相談所による判定を受けなければなりません。

　現在のところ、借受けの対象になる補装具には、①義肢・装具・座位保持装置の完成用部品、②重度障害者用意思伝達装置、③歩行器、④座位保持椅子の4種類があります。

17 障害児に対するサービスについて知っておこう

児童に対しても入所・通所の支援サービスが行われる

◉ 児童の通所・入所に関するサービス

　障害者総合支援法の前身である障害者自立支援法の下では、障害児の通所・入所サービスについて、障害者自立支援法に基づく児童デイサービスと、児童福祉法に基づく各種障害児の通園施設などの通所サービス行われていました。また、施設についても、各種障害に応じて設置されていました。そして、障害者総合支援法が規定する各種サービスにおいては、介護給付に含まれる居宅介護、同行援護、行動援護、重度障害者等包括支援、短期入所については、障害児も利用することが可能です。その他にも、自立支援医療や地域生活支援事業なども、障害児が対象に含まれていますが、それら以外のサービスについては、18歳以上の障害者を対象にしており、障害者総合支援法のみでは、障害児に対するサービスが不十分です。現在では、障害児の通所・入所に関係するサービスについては、児童福祉法に一元化され、サービスが体系化されています。

　具体的には、通所サービスは市町村が実施主体であり、児童発達支援、医療型児童発達支援、放課後等デイサービス、居宅訪問型児童発達支援、保育所等訪問支援があります。これに対して、入所サービスについては都道府県が実施主体であり、福祉型障害児入所施設と医療型障害児入所施設があります。

　通所サービス・入所サービスともに、サービスの給付決定を受けた場合、障害児の保護者が事業者や施設との間で契約を結び、各種サービスの利用が開始されます。そして、サービスに必要な費用について、各種給付費などが保護者に支給されます。なお、保護者が急死した場

第2章　さまざまな支援サービスのしくみと手続き　　87

合など、各種給付費などの支給を受け取ることが困難な事情がある場合、市町村が、措置として障害児に対して通所サービスを提供することが可能です。同様に、入所サービスについても、支給費を受け取ることが困難な場合には、都道府県は、その障害児について、要保護児童であるとして、保護のための入所措置がとられることになります。

● 障害児通所支援

　障害児通所支援とは、障害児にとって身近な地域で支援を受けられるようにするための支援で、地域の障害児・その家族を対象とした支援や、保育所等の施設に通う障害児の施設に訪問するといった支援です。
　具体的なサービスには以下のものがあります。

① 児童発達支援

　身体に障害のある児童、知的障害のある児童、精神に障害のある児童（発達障害児を含む）に対して、日常生活における基本的な動作の指導、知識技能の付与、集団生活への適応訓練などを行います。児童発達支援の対象は、主に未就学児童が想定されています。
　児童発達支援を担当するのは、主に児童発達支援センターです。ただし、他の事業所が、通所している障害児や家族に対して療育・支援を行うことも可能です。児童発達支援センターは、障害児やその家族に対して、通所サービスを提供するとともに、その地域で生活する他の障害児・家族、障害児の預かりを業務として行っている事業者に対して、援助やアドバイスも行っています。児童発達支援事業については、発達障害、知的障害、肢体不自由、難聴、重症心身障害など、特定の専門領域に絞って支援などを行うことも許されています。

② 医療型児童発達支援

　医療型児童発達支援とは、児童発達支援において提供される支援の他に、治療などの医療サービスが提供される支援です。たとえば、肢体不自由がある児童に、日常生活における基本的な動作や指導などと

ともに、障害の治療を行います。

③ 放課後等デイサービス

放課後等デイサービスとは、学校教育との相乗効果により、障害児の自立の促進をめざして、放課後の他、夏休みなどの長期休暇を利用して提供される、各種訓練などの継続的なサービスです。

放課後等デイサービスの対象になるのは、幼稚園や大学以外の学校教育法上の学校に就学している障害児です。もっとも、放課後等デイサービスを引き続き受ける必要が認められる場合、満20歳になるまで、放課後等デイサービスを受けることができます。サービスの内容は以下のとおりです。

・自立した日常御生活を送る上での必要な訓練の実施
・創作的な活動、各種作業など
・地域との交流の場を持つための機会を提供すること
・余暇の提供

放課後等デイサービスが円滑に利用できるためには、学校との連携や協働が必要です。そこで、学校教育と放課後等デイサービスが一貫して実施されるように、たとえば、学校と事業所との間の送迎サービスなども提供されています。

■ 障害児通所サービスのイメージ

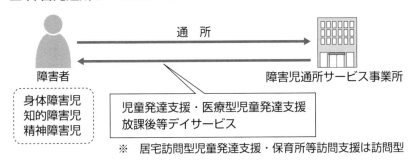

第2章 さまざまな支援サービスのしくみと手続き 89

④　居宅訪問型児童発達支援

　居宅訪問型児童発達支援とは、通所サービスを受けるために外出することが困難な障害児に対して、障害児の居宅に訪問する形態で行うサービスです。

　対象に含まれる障害児は、重度の障害などにより、障害児通所サービスを利用するために外出することが著しく困難な障害児です。具体的には、人工呼吸器をはじめ、日常生活において特別な医療が必要な障害児や、疾病が原因で、外出により感染症にかかるおそれがある障害児などが挙げられます。したがって、送迎が困難であることから通所型のサービスの利用が困難であるなど、障害児の心身の状態以外の理由により、居宅訪問型児童発達支援を利用することはできません。居宅訪問型児童発達支援の提供に先立って、障害児相談支援事業所において、個別の障害児が、居宅訪問型児童発達支援の適正な対象者であるのかを確認するしくみがとられています。

　具体的に提供されるサービスは、絵・写真を用いた言語に関する活動や日常生活に必要な基本的な動作の訓練など、児童発達支援や放課後等デイサービスと同様のサービスが、障害児の居宅において提供されます。また、居宅訪問型児童発達支援を利用する障害児は、基本的に体調などが一定ではなく、サービスに関わる活動が負担になる場合も少なくないことから、サービスの提供は1週間あたり2日程度が適切だと考えられています。ただし、利用者が、通常の通所型のサービスへの移行の見込みがある場合には、移行に向けた支援として、集中的に居宅訪問型児童発達支援のサービスを提供することも可能です。

⑤　保育所等訪問支援

　保育所等訪問介護とは、保育所などの集団生活が必要な施設において、障害児が適応することができるように行う支援です。つまり、専門的な支援を行うことにより、障害児が保育所などを安定して利用する上で必要なサービスを提供します。対象に含まれる障害児は、保育

所、幼稚園、認定こども園など集団生活が必要な施設を利用している障害児が対象になります。集団生活への適応という観点から、保護の要否が判断されますので、発達障害児などを対象に提供されることが多いといえます。訪問先については、保育所などの他に、小学校、特別支援学校、乳児院、児童養護施設などが挙げられます。

具体的なサービスの内容としては、訪問先の施設において、障害児とその他の児童が集団生活を送る上で必要な支援を行います。集団生活を送る上で必要な訓練を、障害児本人に対して行うことの他に、訪問先の職員などに対しても支援を行うことができる点に特徴があります。利用者の心身の状況などにより変わりますが、支援は2週間に1回程度の頻度で提供されます。

● 障害児入所支援

障害児入所支援とは、施設への入所により、必要な支援を行うサービスです。施設には福祉型（福祉型障害児入所施設）と医療型（医療型障害児入所施設）があります。福祉型では、重度・重複障害や被虐待児への対応を図る他、自立（地域生活移行）のための支援を行いま

■ 障害児入所支援のイメージ

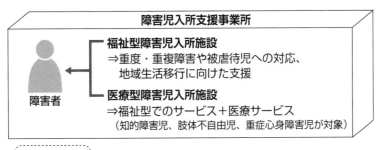

す。たとえば、食事・入浴・排せつなどの介護サービスや、身体の能力向上をめざして行われる各種訓練、思ったことを適切に相手に伝えるためのコミュニケーションに必要な、言語に関する支援などが挙げられます。医療型では、重度・重複障害への対応とともに、医療サービスの提供があわせて行われます。医療型においても、支援の目的は福祉型と異なるわけではなく、支援の内容に医療行為に相当するような行為が含まれる点に特徴があります。たとえば、食事介護において、経口による食事が困難な障害者に対して、胃や腸に直接的に栄養を注射するなどの介護が挙げられます。

　障害児入所支援の対象に含む障害児は、基本的に、身体障害児・知的障害児・精神障害児であり、発達障害児も含まれます。ただし、各種手帳の有無などは問わず、児童相談所や医師の判断で、支援の対象に含めるべきだと判断された児童についても対象に含まれます。また、医療型においては、知的障害児、肢体不自由児、重症心身障害児を対象に、サービスが提供されます。

● その他の障害児に対する支援サービスについて

　2016年の障害者総合支援法改正により、多様化する障害児支援のニーズに対応するため、そして、きめ細やかな支援を提供していくため、障害児に関する体制についてもさまざまな強化が行われました。

　さらに、障害児へサービスを提供するための体制が、計画的に構築されていくことを目的として、都道府県や市町村に障害児福祉計画の策定が義務づけられ、2018年4月から施行されています。

　その他にも、医療的ケアを要する障害児（医療的ケア児）が適切な支援を受けられるよう、自治体が保健・医療・福祉等の連携促進に努めていくことも規定されています。

　医療的ケア児とは、人工呼吸器を装着している障害児など、日常生活を営むために医療を必要とする状態にある障害児のことです。

昨今の医療技術は目覚ましい進歩を遂げていますが、その一方で、人工呼吸器や胃ろう、たんの吸引、経管栄養などの医療的ケアが日常的に必要になる障害児が年々増加しています。このような医療的ケア児が、在宅生活を継続していくためには、保健・福祉・保育・教育などのさまざまな支援が相互に連携して提供されていく必要があります。地域における連携体制が構築され、実効性のある支援を実現していくことをめざしています。

● 障害児の日常生活に関する相談

　障害児（身体障害児、知的障害児、精神障害児）についても、大人の障害者と同様、指定特定相談支援事業者（市町村長が指定した相談事業を行っている事業者）が就学・就職・家族関係といった基本的な相談を受け付けています。

● 障害児の障害福祉サービスに関する相談

　障害児に関する障害福祉サービスに関する相談支援の体系は、大きく居宅サービスに関する相談と通所サービスに関する相談に分けられます。
① 居宅サービスに関する相談支援
　居宅サービスに関する相談支援については、市町村の指定特定相談

■ 障害児の相談支援

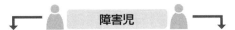

支援事業者が担当します。これは、障害者総合支援法に基づいてなされる支援です。具体的には、計画相談支援サービス利用に関する相談を受け付けており、相談するとサービス等利用計画を作成するなどの支援を受けることができます。障害児自身が相談を行うことができます。

② 通所サービスに関する相談支援

　通所サービスに関する相談支援は、障害児支援利用援助と、継続障害児支援利用援助に分類することができます。通所サービスに関する相談支援は、児童福祉法に基づく支援ですので、注意が必要です。

・障害児支援利用援助

　障害児支援利用援助とは、障害児が通所サービスの受給を申請する時点で受けられる相談支援のことです。具体的には、児童福祉法に基づき設置される障害児相談支援事業者が、児童発達支援（障害児に対して身近な地域で行われる支援）や放課後等デイサービス（小学校・中学校・高校に通う障害児に対する支援）といった通所サービスの利用に関する相談を受け付けています。障害児相談支援事業者は、障害児や保護者の意向を聴きながら、まず、障害児支援利用計画案を作成します。

　実際に通所サービスの支給決定がなされると、通所サービスを実施する事業者との間の連絡調整を行い、障害児支援利用計画書を作成することになります。

・継続障害児支援利用援助

　継続障害児利用支援援助とは、障害児支援利用計画書の見直しに関する相談です（モニタリング）。つまり、ある程度の期間継続して、通所サービスを利用した後に、障害児の利用状況の見直しについて相談し、障害児相談支援事業者から、障害児支援利用計画案の変更などに関するアドバイスを行います。モニタリングは一定期間ごとに行う必要があります。

18 サービス利用のための負担について知っておこう

家計の負担能力に応じて負担額を決定する

● サービス利用のための負担のしくみ

　障害福祉サービスを利用する場合、利用者は一定の利用料を負担します。この負担額については、利用者や世帯の所得を考慮して料金を決定するという考え方（応能負担の原則）に基づいて決定します。利用料の決定方法には、他に、サービスを利用する程度の多さに応じて、多くの負担を求めるという考え方（応益負担）もあります。応益負担は、サービスの対価としての性格が強く、利用者が不要なサービスを受給することを抑止する役割があります。ただし、本当に必要なサービスが、障害者が低所得である場合には、行き渡らなくなるおそれがあるため、応能負担が採用されています。

　具体的には、市町村は、障害福祉サービスの種類ごとに指定障害福祉サービスなどに通常要する費用につき、厚生労働大臣が定める基準により算定した費用の額から、家計の負担能力その他の事情を考慮して政令で定められた額を控除した額について、介護給付費または訓練等給付費を支給するとされています。

■ 応能負担の原則

応能負担の原則　利用者や世帯の所得を考慮して負担額を決定する

家計の負担能力などを基に設定されている自己負担額（次ページ図）が上限となる。
ただし、その自己負担額よりもサービス費用の1割相当額の方が低い場合、1割相当額を負担することになる

第2章　さまざまな支援サービスのしくみと手続き

家計の負担能力が高い人は高額の負担であっても、全額を自己負担しなければならないというわけではなく、利用者の負担額は最大でも利用料の1割とされています。

　サービスの利用料の負担が重くなり過ぎないようにするために、障害者が負担する障害福祉サービスの利用費は、世帯に応じて上限額が設定されています。ここでいう世帯とは、障害者の年齢によってその範囲が異なります。具体的には、18歳以上の障害者の場合は障害者とその配偶者、障害児の場合は保護者の属する住民基本台帳の世帯で所得が判断されることになります。

　世帯の区分は、①生活保護を受給している世帯、②低所得世帯（市町村民税非課税世帯）、③一般1（市町村民税課税世帯のうち、世帯収入が概ね600万円以下の世帯）、④一般2（①～③以外の者）、の4種類です。

　下図のように、生活保護世帯と低所得世帯については、自己負担はありません。一般の世帯についても自己負担の上限は月額3万7200円とされています。

■ 障害者・障害児の利用者負担の上限額 ……………………………

世帯の状況	負担上限額
生活保護受給世帯	0円
市町村民税非課税世帯 （※1 世帯収入が概ね300万円以下）（低所得）	0円
市町村民税課税世帯のうち、世帯収入が 【障害者】概ね600万円以下の世帯（一般1） 【障害児】概ね890万円以下の世帯（一般1）	9300円 ※2 （障害児については 入所施設利用の場合）※3
上記以外（一般2）	3万7200円

※1 3人世帯で障害者基礎年金1級受給の場合
※2 障害者のうち、入所施設利用者(20歳以上)、グループホーム、ケアホームの利用者については3万7200円
※3 通所施設、ホームヘルプを利用する障害児については4600円

19 医療型個別減免について知っておこう

医療費や食事など一部の費用が免除される制度のこと

● 医療型個別減免とはどんな制度なのか

　障害福祉サービスの利用者負担を軽減するための措置には次ページ図のように、さまざまなものがあります。

　所得別の上限額の制限に加えて、食費などの減免措置、高額障害福祉サービス費（99ページ）、家賃助成など、利用するサービスに応じた負担軽減措置があります。

　医療型入所施設や療養介護を利用する場合、医療型の個別減免措置として医療費と食費が減免されます。医療型の個別減免措置とは、医療費や食費などの一部の費用の負担が軽減される制度のことです。これによって、障害者が、障害福祉サービスにかかる費用を支払った後でも、一定の金額が障害者の手元に残るように配慮されています。

● 障害者についての医療型個別減免

　医療型個別減免措置が適用される対象者は、市町村民税非課税（低所得）者で、療養介護などの療養を行うサービスを利用している人や施設に入所している人です。定率負担、医療費、食事療養費を合算した利用者負担の上限額が、収入や必要な生活費などを考慮して設定され、それを超える部分は免除されます。

　20歳以上の入所者の場合、少なくとも2万5000円が手元に残るように、利用者負担額が減免されます。

　市町村民税非課税世帯にある者が、医療型個別減免措置の対象となるため、申請の際に本人の収入額を示す書類（たとえば、年金証書・源泉徴収票・市町村の課税証明書）、必要経費の額がわかる書類（た

第2章　さまざまな支援サービスのしくみと手続き　**97**

とえば、国民健康保険の保険料等を納付した証明書)、その他それぞれの市町村が要求している書類の提出が必要です。

● 障害児についての医療型個別減免

医療型の個別減免措置は20歳未満の障害児に対しても適用されます。その地域で子を養育する世帯の負担額を考慮して負担額の上限額を設定します。

利用者が20歳以上の場合、「市町村民税非課税世帯」という所得要件がありますが、障害児の場合には所得要件はありません。

■ 利用者負担に関する配慮措置

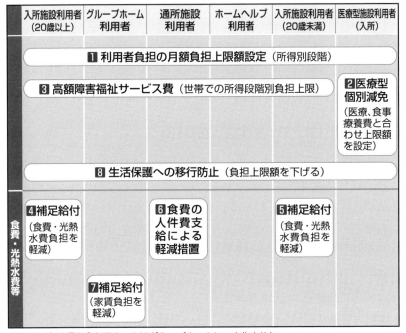

※2014年4月からケアホームはグループホームに一本化された。

20 高額障害福祉サービス費について知っておこう

負担した金額が上限を超えた場合には償還払いが受けられる

● 家族に複数の障害者がいる場合の特別な軽減措置

　障害福祉サービスを利用する人が同一世帯に複数いる場合には、個人個人ではなく、世帯全体で合算された金額が利用者負担の上限（101ページ図参照）と比較されます。同じ世帯で、障害福祉サービスを受ける者が複数いる場合などには、世帯として支払う費用の額が大きくなってしまいます。そのため、そのような世帯の負担を軽減するために高額障害福祉サービス費が支給されます。

　利用者が障害福祉サービスと介護保険法に基づくサービスを両方受けた場合で、かかった費用の合計額が一定の限度額を超えるときには、その超えた分についても高額障害福祉サービス費が支給されます。利用者が障害児の場合で、障害福祉サービスと児童福祉サービスを両方受けたというケースでも、同様に、限度額を超える分については高額障害福祉サービス等給付費が支給されます。

　なお、障害福祉サービスの他に、補装具の支給や介護保険サービス、障害児支援サービス等を受けているという場合には、各サービスの利用で負担した費用を世帯で合算した上で、高額障害福祉サービス等給付費の金額を算定することになっています。

● 高額障害福祉サービス費の具体的な計算方法

　同じ世帯に障害者・障害児が複数いる場合などで、利用している障害福祉サービス等の利用者負担額が高額になる場合、1か月の負担額の合算が基準額を超えていれば、その超えた部分について払戻しを受けることができるのが高額障害福祉サービス等給付費の制度です。高

第2章　さまざまな支援サービスのしくみと手続き　**99**

額障害福祉サービス費の給付は、いったん通常どおりサービス費を支払い、その後申請して受給する償還払いによって行われます。申請できるのは、利用者負担額を世帯で合算し、そこから基準額を差し引いた額です。基準額は世帯の収入状況や利用しているサービスのパターンによって異なりますが、一般の課税世帯で、障害福祉サービス・障害児支援・補装具等のいずれか2つ以上を利用している場合は、3万7200円となっています。

　たとえば夫婦と知的障害のある子どもの3人家庭で、妻が交通事故に遭って下半身まひの身体障害者となり、障害福祉サービスと補装具の利用を始めたとします。子どもの通所支援にかかる利用者負担額が2万円、妻の日常生活支援にかかる利用者負担が3万円、補装具にかかる利用者負担が1万円だとすると、この世帯の利用者負担額は月6万円になります。ここから基準額の3万7200円を差し引いた2万2800円が、高額障害福祉サービス費の支給対象となります。

　高額障害福祉サービス費について、注意しなければならないのは、対象になるサービスが、障害者総合支援法に基づく障害福祉サービスに限られないということです。具体的には、介護保険法に基づく訪問介護などの介護福祉サービス、障害児の場合には児童福祉法に基づく入所・通所サービスの利用費なども対象に含まれます。そのため、たとえば、1人の障害者であっても、障害福祉サービスと介護福祉サービスを合わせて受給しており、両者の利用者負担額の合算額が、3万7200円を超える場合には、超過分について償還を受けることができます。

● 高額障害福祉サービス費の支給対象者の拡大

　高額障害福祉サービス費の支給については、障害者総合支援法76条の2に規定が置かれています。高額障害福祉サービス費の支給対象者については、これまで一定額以上の費用を負担している「支給決定障害者等」というように規定が置かれていました。つまり、障害福祉

サービスの支給決定を受けている障害者でなければ、高額障害福祉サービス費を受けることができませんでした。

しかし、2016年の改正により、高額障害福祉サービス費の支給対象者は拡大されました。具体的には、「65歳に至るまでに、相当の長期間にわたって、障害福祉サービスを利用してきた低所得の高齢障害者」が、引き続き障害福祉サービスに相当する介護保険サービスを利用する場合については、65歳以降も高額障害福祉サービスを受けることができることになりました。

障害をもつ高齢者は、65歳を超えると、介護保険法と障害者総合支援法の双方の制度の適用を受けることになりますが、両者が重複した場合には、介護保険法が優先されるという原則が存在しています。そのため、65歳を超えると、障害福祉サービスの支給決定を受けることができなくなり、高額障害福祉サービス費も受けることができなくなります。その結果、費用の負担が増えてしまい、生活に困窮する高齢障害者が多く生じてしまうという事態が起きていました。

そこで、高齢障害者の所得の状況や障害の程度等の事情を勘案し、介護保険サービスの利用者についても、障害福祉制度によって負担を軽減できるしくみが整備されたというわけです。

■ **高額障害福祉サービス費のしくみ**

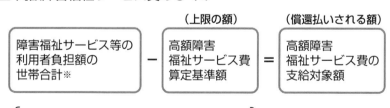

21 食費・光熱費など軽減措置について知っておこう

年齢や所得に応じた軽減措置がある

◉ 食費や光熱費は利用者の全額実費負担なのか

　利用するサービスは障害の程度や状況によって変わってきますが、基本的に食費や光熱費は実費負担です。通所施設を利用する場合には、食費については実費を自己負担します。入所施設を利用する場合、食費だけでなく個室利用料や医療費も自己負担することになります。

　サービスの利用料は最大1割（96ページ）とされていますので、利用者は最大1割の利用料と食費・光熱費（実費負担）を支払うことになります。

　もっとも、食費・光熱費を実費で負担しなければならないとすると、それぞれの世帯の事情によっては、経済的負担が過大なものになってしまう可能性があります。そのため、年齢などに応じて最低限のお金が手元に残るように、食費や光熱費の一部について特定障害者特別給付費が支給されます。特定障害者特別給付費は補足給付と呼ばれることもあります。

　また、共同生活をしている障害者に対しては、食費と光熱費の一部について特例特定障害者特別給付費が支給されます。特例特定障害者特別給付費も、障害福祉サービスを受ける者の経済的負担が過大にならないことを目的として支給されている給付です。

◉ 食費や光熱費はどの程度まで軽減されるのか

　20歳以上の施設入所者への補足給付は、低所得の人を対象に、食費や住居費以外の「その他の生活費」が一定額残るように、食費や住居費に負担限度額を設定します。その他、生活費の額は2万5000円（障

害基礎年金1級受給者の場合は2万8000円）と決められています。食費・光熱水費の負担限度額は、必要経費等控除後の収入からその他生活費を差し引いて算出します。

　ただし、就労により得た収入については、2万4000円までは収入として認定しません。つまり就労収入が2万4000円までは食費等の負担は生じないことになります。また、2万4000円を超えた場合でも、超える額については、超える額の30％は収入として認定しません。

　通所施設利用者についても、食費などの負担を軽減するための措置が実施されています。低所得、一般1（所得割16万円未満、グループホーム利用者を含む）の世帯の場合、食材料費のみの負担となり、実際にかかる額のおおよそ3分の1の負担となります（月22日利用の場合、約5100円程度と想定されています）。

　食材料費については、施設ごとに額が設定されます。そのため、施設は事前に、実費負担として利用者から徴収する額（補足給付額と分けて記載する必要があります）を契約書に明示しなければなりません。

■ 補足給付とはどんな給付なのか ……………………………………

概　要	入所施設の食費・光熱水費（実費負担分）等に対する負担を軽減する措置
	【20歳以上の場合】 福祉サービスと食費等の実費を負担しても少なくとも手元に25,000円が残るように、給付が行われる
対象者	【20歳以上の場合】 生活保護受給者　区市町村民税非課税の者 市町村民税課税（所得割16万円未満）の者 【20歳未満の場合】 すべての所得区分の者（18〜19歳は監護する者の属する世帯の所得区分を認定して決定する）

第2章　さまざまな支援サービスのしくみと手続き　**103**

あわせて施設は、その額を都道府県に届け出なければならず、これによって、都道府県は、利用者の負担額を確認することができるというしくみがとられています。

● 障害をもつ子どもの施設利用についての食費などの負担

食費や光熱水費などの費用については、その負担を軽減するために、補足給付を受給することができます。

補足給付は、施設入所者が20歳未満の場合にも、負担軽減措置を受けることが可能です。ただし、補足給付費の算出方法は、施設入所者が20歳以上の場合とは異なります。20歳未満の場合、すべての所得区分に属する人が対象になります。18歳・19歳の障害者については、監護者の属する世帯の所得区分を認定して決定されることになります。具体的には、①医療型入所施設に入所する障害児については、地域で子どもを養育する世帯と同程度の負担となるように負担限度額が設定されており、限度額を上回った額について、減免が行われます。

また、②障害児が福祉型入所施設を利用する場合については、補足給付の支給額の目安は、地域で子どもを養育する費用（低所得世帯、一般1については5万円、一般2については7万9000円）と同様の負担となるように設定されています。

その他、③通所施設を利用する場合にも、食費の減免のための負担軽減措置が行われています。上限額は図（次ページ）のように設定されています。

● その他の軽減措置

医療費や食費の減免措置の他にも、グループホーム利用者へ家賃を助成する制度や、生活保護への移行を防止する措置などがあります。

・グループホーム利用者への家賃助成

グループホーム（78ページ）の利用者が負担する家賃を対象として、

利用者1人あたり月額1万円を上限に補足給付が行われます。家賃が1万円未満の場合は、実費として支払った額が支給されることになります。家賃助成の対象者は、生活保護世帯、区市町村民税非課税（低所得）世帯に該当する利用者です。

　家賃助成の申請をする際には、過去1年間の収入額を証明する書類、グループホームの家賃額を証明する書類、住民税の課税（非課税）証明書などを提出する必要があります。過去1年間の収入額が、各自治体が定める基準を上回っている場合には家賃助成を受けることができません。なお、対象となるグループホームには、重度障害者等包括支援の一環として提供されているものも含まれます。

・生活保護への移行防止

　上記の負担軽減策が講じられても、実費負担のために生活保護の対象となる場合には、実費負担を生活保護の対象にならない額まで引き下げます。

■ 通所施設を利用する障害児の食費負担軽減措置 …………………

所得の状況	上限額
低所得	2,860 円
一般1	5,060 円
一般2	11,660 円 ※軽減なし

■ グループホーム利用者への家賃助成の額 ……………………………

家賃が1万円未満	実費を支給
家賃が1万円以上	1万円（上限）を支給

22 障害福祉サービスの利用手続きと 障害支援区分について知っておこう

2段階の認定調査を経て障害支援区分が決定する

● 市町村への申請について

　障害福祉サービスを利用したい場合は、居住地の市町村に申請します。注意しなければならないのは、市町村ごとに対応窓口の名称が一定ではないということです。一般に、生活福祉課や障害福祉課などの名称が付けられていることが多いようです。具体的に、どの窓口に対して申請すればよいのかがわからない場合には、申請に出向く前に、あらかじめ市町村の総合窓口に問い合わせをしておきましょう。

　市町村は、障害福祉サービスの一環として、相談支援事業を行っていますので、相談支援の中で、障害者は、自身に適切なサービスの内容や、必要な手続きに関するアドバイスを受けることができます。その際には、市町村から委託を受けた相談支援事業者からのアドバイスなどを受けることになります。相談支援事業者は、障害者に代わって申請に関する手続きを代行することも可能です。

　相談支援事業者は、指定一般相談支援事業者と指定特定相談支援事業者に分類することができます。ともに、市町村から指定を受ける必要がありますが、指定一般相談支援事業者は、広く障害者が社会生活を営む上で抱えた問題について、相談を受け付けます。これに対して、指定特定相談支援事業者は、障害福祉サービス利用手続きの相談の他に、サービス等利用計画案の作成まで行ってもらえます。

　サービス等利用計画案とは、後述する障害支援区分とともに、障害福祉サービス利用申請の際に、障害者が提出を求められる書類です。サービス等利用計画案には、障害者が、自身の障害の状況に応じて、提供を希望する障害福祉サービス内容の詳細について、記載する

書類です。そのため、セルフプランとも呼ばれています。サービス等利用計画案は、障害者自身が作成することも可能です。しかし、障害者自身が、自分の障害の状態に合わせて、適切な障害福祉サービスの内容を選別することは容易ではなく、指定特定相談支援事業者とともに、サービス等利用計画案を作成するのが一般的です。

実際に障害福祉サービスの支給決定が行われた後には、実際に障害福祉サービスの提供を担当するサービス事業者を交えて、サービス担当者会議が開催されます。そして、サービス等利用計画案の内容に基づき、より実践的に、提供するサービス内容に関する協議が行われ、最終的に、サービス等利用計画書としてまとめられます。

● 障害支援区分はどんなことに活用されているのか

障害福祉サービスの申請を受けた市町村は、障害者の心身の状態を把握し、サービスが必要かどうかの認定調査を行います。その際に、もっとも重要な指標になるのが、障害支援区分です。

■ サービスの利用手続き

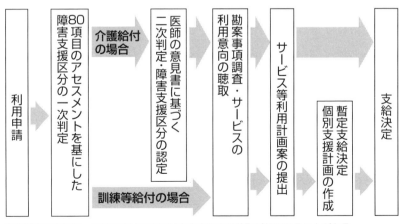

※支給決定の前に、必要に応じて市町村審査会の意見聴取が行われることがある

第2章 さまざまな支援サービスのしくみと手続き

障害支援区分とは、身体障害者や知的障害者、精神障害者、難病患者等の障害の多様な特性、その他の心身の状態に応じて、必要とされる標準的な支援の度合いを総合的に示す区分です。

　障害支援区分は、認定調査や医師意見書の内容をもとに、コンピュータによる一次判定、審査会による二次判定を経て判定されます。

　区分は、「非該当」および「区分1〜6」の7段階で構成されています。区分の数字は、大きい数字であるほど、支援を必要としている度合いが大きいことになります。したがって、非該当と判断された場合、支援の必要性が低く、多くの障害福祉サービスを受けることができません。そして区分6は、支援の必要性がもっとも高い状態を示しています。

　この7段階の判定結果によって、居宅介護や同行援護、短期入所（ショートステイ）など、障害者が利用できる障害福祉サービスの上限金額や利用時間などが決まるわけです。

● 障害支援区分に関する認定調査と具体的な認定方法

　市町村は、訪問調査に基づく、障害者の状況、居住の場所、障害の程度、市町村審査会の意見などを総合考慮して、支給決定案を作成することになります。

　障害支援区分の認定調査は2段階に分かれています。認定調査員による訪問調査の結果と主治医の意見書の内容をもとにコンピュータによって判定が行われる1次認定調査（1次判定）と、認定調査員による特記事項と主治医の意見書の内容をもとに市町村審査会によって判定が行われる2次認定調査（2次判定）です。

　1次判定に先立って行われる訪問調査については、市町村の職員、あるいは、指定一般相談支援事業者の相談支援専門員が行います。これらの職員が、実際に障害者の自宅などを訪問して、障害者本人や家族に関する基本的な情報や、介護の有無・現在受けている福祉サービ

スの有無や、生活状況全般に関する質問などが行われます。そして、これらの事項については、概況調査票に必要事項が記入されます。

この際、利用者の保護者に対して、利用者に対してどのようなサービスを行うのがよいのか聴取が行われます。具体的には、6種類のカテゴリー（全80項目）に分類された、障害者の心身の状況や活動などについて、障害者などに質問を行い、回答を得る形で、該当項目に関して、「できる」あるいは「できない」などのように、認定調査票に聴取り結果を記入していきます。職員などが、明確に判断できない場合には、特記事項として判断が困難であることを記入しておくことで、後の判断の材料にすることができます。

そして、認定調査員による訪問調査の結果と主治医の意見書の内容をもとに、1次判定としてコンピュータによって判定が行われます。1次判定では、認定調査項目（80項目）の結果及び医師意見書（24項目）の一部項目をふまえ、判定ソフトを活用したコンピュータ処理がなされます。認定調査項目は訪問調査における事項と同様に、移動や動作等に関する項目、日常生活等に関する項目、行動障害に関する項

■ 障害支援区分認定の調査項目

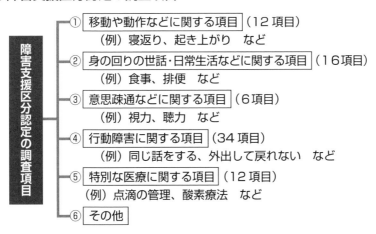

第2章　さまざまな支援サービスのしくみと手続き

目、意思疎通に関する項目、特別な医療に関する項目、その他の項目などです。医師意見書は、まひ、関節の拘縮、生活障害評価（食事・生活リズムなど）などが調査項目になっています。

　その後、２次認定調査（２次判定）まで通ると、ようやく障害支援区分の認定が決定し、申請者へ結果が通知されることになります。

　障害支援区分には有効期限があります。障害支援区分は、原則として３年間有効です。ただし、障害の状況や程度は、刻一刻として変化する場合もあり、３年間という有効期間では、適切に障害の程度を把握することが困難な場合も少なくありません。そこで、身体・精神障害の程度が容易に変動することが見込まれる場合、障害者の生活環境が大きく変動する場合、その他、市町村審査会が認めた場合には、３か月から３年間の間で、より短縮した有効期限を定めることも認められています。

　無事に支援区分認定が終わると、続いて市町村による勘案事項調査（社会活動、介護者、居住などの状況についての調査）が行われます。この際に注意したいのが、障害支援区分は、あくまでも勘案事項の一要素だということです。つまり、障害支援区分の認定が行われたからといって、障害福祉サービスの利用が可能になるという保証はありません。たとえば、個別の障害者が住んでいる地域において、十分な障害福祉サービスの提供ができる環境が整っていない場合には、支給決定がなされないこともあります。この勘案事項調査に通ると、支給を受ける障害者に対し、サービスの利用意向の調査（聴取）が行われます。なお、訓練等給付のサービスについては、支給の要否を判断するために、一定期間サービスを利用することができます。このことを暫定支給決定といいます。

　障害者のサービス利用意向の確認後、サービス利用計画案の提出が行われます。さらに、審査会の意見をもとに、支給の要否が決定され、支給が決定した障害者には、障害福祉サービス受給者証が交付されます。

● 実際に支給されるサービスの量はどのように決定されるのか

支給決定を受けた障害者が、どの程度の障害福祉サービスを利用することができるのかについて、障害者総合支援法は、基準を定めているわけではありません。そのため、具体的にどの程度の量のサービスを支給するのかについては、原則として市町村に幅広い裁量が認められています。

市町村に比較的広い裁量が認められている理由として、障害福祉サービスの財源が公費負担（税金）であることが挙げられます。つまり市町村は、限られた財源の中で、公平性に考慮しつつ、財源の他にも、施設などの物的資源や、職員数の確保などにも注意しながら、安定的に提供できるサービスの量を見極めなければなりません。ただし、市町村の判断があまりにも合理性を欠く場合には、障害者側から必要なサービスが提供されていないとして、訴訟を提起され、その中で、市町村の判断が違法と判断されるおそれもあります。

● 暫定支給決定とは

暫定支給決定とは、障害者に対して、本格的な訓練等給付を行う前

■ 支給されるサービスの量の決定

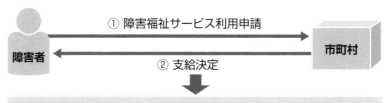

第2章　さまざまな支援サービスのしくみと手続き

に、一定の期間に限って給付を行うことです。これにより、当該サービスが利用者にとって本当に役に立っているかどうかを判断することができます。自立訓練や就労移行支援などのサービスを希望する場合は、まずは一時的な給付をする暫定支給決定が行われます。一定の期間訓練等給付を行い、利用者にサービスを継続して受けていく意思があるのかどうか、最終的な意向を確かめることが目的です。そのサービスが利用者にとって効果的なものであるかどうか、また、適切なサービスだといえるかどうかといった点を判断することも、暫定支給決定の目的です。

自立訓練（機能訓練と生活訓練）のサービスの必要性については、IADL項目（清掃、洗濯、入浴、調理、買い物、食事、交通利用）と生活項目（洗顔、整髪、薬の服用、歯磨き）の2つを基準にし、サービスが障害者にとって適切であるかどうかを判断します。障害者自身の利用意思も重要な支給決定基準です。訓練等給付が適切と判断されれば、サービス事業者が利用者個々に対して、訓練期間や目標などを設定し（個別支援計画案）、それに基づいて、本格的に訓練等給付の決定が行われることになります。

暫定段階で支給が適切と認められない場合は、サービス事業者の変更やサービス自体の変更が行われます。暫定支給の期間については、原則として更新は行われません。ただし、暫定支給終了段階で、一定の改善が見られる場合や、再評価の必要があると判断された場合は、暫定支給の期間が延長されることがあります。

23 サービスの利用計画を作成する

相談支援事業者に本人・家族の意向を伝えることになる

◉ ケアマネジメント制度とはどんな制度なのか

　障害者ケアマネジメントとは、単に福祉サービスを提供するだけでなく、障害者が自ら望む生活を送れるようにするために、ケア計画を作成した上で福祉・保健・医療・教育・就労などのさまざまなサービスを一体的・総合的に提供することです。障害者自身が、自分に適切なサービスの内容を、的確に把握できる場合は少ないといえます。そこで、ケアマネジメントによって、個々の障害者の状況に合わせた、サービスの助言やあっせんを行うことができます。

　現在の障害福祉サービスは利用者とサービス提供者間での契約制度になっています。利用者のニーズに合わせて、さまざまなサービスから適切なものを選んで活用していくことになり、このような個々の利用者のための福祉サービスのプラン設計や、障害者やその家族への相談支援や補助を行うためケアマネジメント制度が導入されています。市町村にサービスの利用を申請した場合、このようなケア計画を作成していくことになります。

　また、サービスの利用計画の作成も相談支援事業に含まれます。障害福祉サービスの効率的な利用のために起案されたケアマネジメントを制度化したものが計画相談支援給付費（サービス等利用計画作成費）です。ケアマネジメント制度は、障害をかかえている本人の意思をより汲み取ることができるようにするための制度だといえます。

◉ サービス等利用計画を作成する際の注意点

　支給決定の判断が下されると、サービス等利用計画書を作成します。

第2章　さまざまな支援サービスのしくみと手続き　**113**

障害者に対する施設での居住支援や自立訓練といった障害福祉サービスは、事業者として指定を受けたNPO法人などにより提供されます。サービス等利用計画とは、障害福祉サービスについてどのような福祉サービスをどのような形で利用するのかをプランニングしたものです。

　サービス等利用計画に基づいて、利用者はサービス事業者と契約を結んだり、サービスの提供を受けることになります。サービス等利用計画は、個人で作成することもできますが、相談支援事業者に作成を依頼することもできます。相談支援事業者は、障害者やその家族の意向を聞き入れながら、サービス等利用計画を作成します。このサービス等利用計画を作成依頼する際に、利用者側には費用の負担はありません。サービス等利用計画については、市町村の支給決定後に作成するのではなく、支給決定をする際の判断材料とした方がよいことから、支給決定の前の段階で、サービス等利用計画案の作成・勘案が行われます。

　また、相談支援事業者は、サービス等利用計画以外にも、障害者へのサービス利用のあっせんや、契約の援助などを行っています。障害者のサービスの利用開始後も、障害者宅を訪れてモニタリング（117ページ）を行ったり、引き続き相談や支援を受け付けています。とくに、このような障害者に継続的に支援を行う場合、相談支援事業者には計画相談支援給付費などの給付が支払われています。

■ 障害者ケアマネジメント制度のしくみ

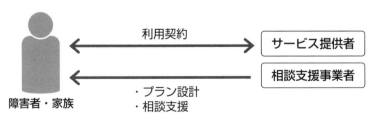

24 支給決定や障害支援区分の認定に不服がある場合にはどうする

障害者介護給付費等不服審査会に対して申立てを行う

● 不服申立てはどのようなときに行うのか

障害福祉サービスとして、給付される内容などについて、たとえば、法律は具体的な給付の量を規定しているわけではありません。そのため、障害支援区分の認定や支給内容、利用者負担に関する決定などに対して、不服がある場合は都道府県知事に対して不服申立てを行うことができます。これは、障害福祉サービスを利用する上で、市町村が決定した認定や決定が適正でない場合、障害者が等しくサービスを受ける権利を侵害する可能性があるからです。

たとえば、障害支援区分の審査や判定は、市町村に設置されている市町村審査会により行われます。障害支援区分は、障害のさまざまな特性・心身の状態に応じて6つの区分が設定され、コンピュータ判定による1次判定の後、2次判定として市町村審査会の判定を経て、市町村から申請者に通知されます。障害の程度や調査の状況によって、行政と障害者での行き違いなどが生じてしまう可能性があり、そういった場合に、不服申立てを行います。

介護給付費などの支給に不服がある場合は、支給決定を行う市町村に不服申立てを行うのではなく、都道府県に申立てを行うことに特徴があります。これは、公平性や客観性の観点から行うもので、障害者の権利保障をより確実なものにするためです。

● 不服申立ての手順

支給決定の判定に対する不服申立ては、都道府県に設置されている障害者介護給付費等不服審査会（不服審査会）に審査請求を行います。

第2章 さまざまな支援サービスのしくみと手続き　**115**

審査請求の対象には、①障害支援区分の認定、②障害支援区分の変更認定、③介護給付費などの支給の要否の決定、④支給内容（障害福祉サービスの種類、支給量、有効期間）、⑤支給決定の変更の決定、⑥利用者負担に関する決定などがあります。

　都道府県は、不服審査会の設置を任意に行いますが、専門的な機関で公平かつ中立的な立場で審査するためには設置が望ましいと考えられています。不服審査会の委員などの構成員も身体障害や知的障害、精神障害の各分野に対してバランスよく配置されなければなりません。

　障害者等が審査請求をすることができる期間は、原則として認定や決定があったことを知った日の翌日から起算して60日以内です。審査請求書を都道府県または市町村に書面で提出するか口頭で行う必要があります。障害福祉サービスなどの一般的な苦情の受付は、利用している事業所内の苦情解決体制の中で行われます。しかし、事業所内で対応できない場合や直接言いにくい場合は、都道府県の社会福祉協議会に設置されている運営適正化委員会に相談することができます。

　介護保険制度をあわせて利用している場合、介護保険制度に関する不服申立てについては、介護保険審査会に申し立てます。

■ 支給決定に対する不服申立て

（例）支給決定

①支給決定⇒ 障害者が内容に不満
②審査請求 →（都道府県に設置）障害者介護給付等不服審査会
（①の翌日から60日以内）

【審査請求の対象】
①障害支援区分の認定、②障害支援区分の変更認定、
③介護給付費などの支給の要否の決定、
④支給内容（障害福祉サービスの種類、支給量、有効期間）、
⑤支給決定の変更の決定、⑥利用者負担に関する決定など

25 モニタリングについて知っておこう

利用者のニーズに合っているか、再評価を行う

● サービスの利用計画の見直し

　相談支援専門員が定期的に利用者の状況を確認するという制度です。障害福祉サービスを利用する際には、サービス等利用計画を作成する必要があります。計画作成を指定特定相談支援事業者に依頼すると、担当の相談支援専門員が定期的にモニタリングを行います。モニタリングとは、利用者の状況を定期的に確認して計画見直しなどの必要性を検討するものです。利用計画が利用者のニーズに合った計画であるかを確認し、それを基に、再計画や再評価につなげる重要な作業となっています。再評価の課程において、援助の全体目標や生活全般の解決すべき課題、提供される各サービスの目標や達成時期、提供されるサービスの種類、内容、頻度などが再設定されます。

　モニタリングの頻度は市町村や利用するサービスの内容によっても異なりますが、最低でも年に1回は実施されます。

　個別の支援計画は、PDCAが重要と言われています。つまり、計画（P）、実行（D）、評価（C）、改善（A）のサイクルがうまく回っているほど良いとされます。モニタリングは評価（C）にあたる作業です。

　このように、モニタリングは障害福祉サービス提供のプロセスの一過程を構成する重要な要素です。そのため、必ず実施しなければならない反面、モニタリングを行った場合には報酬を請求することが認められます。ただし、後述のようにモニタリング実施期間として定められた期間以外にモニタリングを行っても、原則として、報酬請求の対象には含まれません。

第2章　さまざまな支援サービスのしくみと手続き　117

● モニタリングを行う期間

モニタリング期間は、障害者等の心身の状況・サービス内容などを考慮して定めますが、事業者との頻繁な連絡調整等が必要な場合など、障害者の状態が不安定であれば、期間は短く設定されます。

具体的なモニタリング期間は、国が定める標準期間や勘案事項をふまえて決定されます。たとえば、新規サービス利用者や変更によって、内容や量に著しい変動があった場合は利用開始から３か月間は毎月実施します。在宅サービスの利用者は、６か月に１回が基本ですが、障害支援施設から退所するなどして、一定期間集中的に支援が必要になったり、常時介護を必要とする障害者などの場合は毎月実施する必要があります。障害者支援施設入所者や重度障害者等包括支援の利用者は、１年に１回実施が基本となります。

特定相談支援事業者などが上記をふまえてモニタリング期間を設定し、サービス利用計画案に記載します。サービス利用計画案は市町村に提出され、市町村では、支給決定などと併せて、モニタリング期間の決定を行います。

なお、指定特定相談支援事業者を通さず、自らサービス等利用計画を作成している場合は、モニタリングは実施されません。

● 行う際の注意点

モニタリングを行う際にはいくつか注意する点があります。以下、紹介していきます。

① **利用者や家族の視点が中心に置かれた計画を立てているかどうか**

サービスや支援を受ける上で、利用する障害者や家族が主体的に参加することが必要不可欠です。利用する障害者や家族のニーズをふまえて、満足のいく計画を立てることが必要です。

② **権利擁護の視点で作成しているかどうか**

権利擁護とは難しい言葉ですが、寝たきりや意思疎通が困難な障害

者の権利やニーズを代弁することを意味します。つまり、モニタリングの際には、サービスの実施状況などから、不利益が生じていないかを確認する必要があります。実際には、利用者に最も近い障害福祉サービス事業所の責任者からの情報を得ることが多いようです。また、サービス提供の現場に出向き、どのような表情で過ごされているか自分の目で確かめることも必要です。

③　ニーズの変化を見逃していないかどうか

　①の利用者や家族視点の計画作成に共通する部分ですが、前回の訪問から今回の訪問まで変化はないかどうか、本人の障害の状態や健康に変化はないか、本人だけでなく家族などの介護者に変化はないか、介護環境などに変化はないか、を確認する必要があります。そういったことに変化があった場合は、利用者や家族のニーズが変化していることが多く、計画も適していない可能性があります。

　モニタリングの注意点を守りながらモニタリングの継続を行うことで、利用者や家族と信頼関係が深まり、より良いサービスの提供につながります。

■ モニタリングで考慮するべき事項 ……………………………………

モニタリングにおける考慮事項	障害者などの心身の状況	
	障害者などの置かれている状況	家族の状況
		障害者の介護を行う人の状況
		生活の状況（日中の活動の状況など）
	サービスによる援助の全体目標	
	提供される障害福祉サービスの種類・内容・量	
	提供される障害福祉サービスの個別目標・達成時期	
	支給決定の有効期間	

第2章　さまざまな支援サービスのしくみと手続き　**119**

Column

障害者施設における金銭管理

　障害者が、信託会社と信託契約を締結していない場合には、障害者施設では、利用者から依頼を受けて、預金通帳・印鑑・カードなどを管理することがあります。そして、利用者が具体的に施設側に意思表示が可能な場合には、利用者の意思に応じて、施設の職員が利用者のために物品の購入や預金の引き出しを行います。ただし、利用者と施設側とは経済的に利益相反の関係にあります。このことを施設側は十分に認識しておく必要があります。そのため、物品の購入や預金の引き出し行為が利用者の意思に基づいていることをしっかりと確認しなければなりません。

　利用者の判断能力が十分でないにもかかわらず、多額の金銭を預かることは控えるべきです。また、家族から依頼されて出金をする際には、家族が利用者の金銭を扱う権限をもっているのか確認することが必要です。

　そこで、トラブルを回避して、サービスの向上を図るためには、施設側が利用者の金銭等を管理する場合に備えて、その管理方法を徹底する必要があります。施設職員が利用者の金銭を流用できないようなシステムを構築しておかなければなりません。防犯システムを強化することも大切です。

　管理方法に不備があった場合、行政指導や行政処分の対象となり、事業者指定の取消しがなされる可能性もあります。

　なお、施設の職員による利用者の財産の流用があった場合には、さまざまな民事上・刑事上の責任が発生します。

　施設を運営している法人は使用者責任として被害者に対して損害賠償責任を負います。また、流用をした職員自身も被害者に対して損害賠償責任を負い、窃盗罪や業務上横領罪が成立する可能性もあります。

第3章

障害福祉サービス事業の申請手続きと書式

1 障害福祉サービス事業開始の手続きについて知っておこう

事前に相談をしてから申請手続きを行う

● 障害福祉サービス事業を始めるときの手続きの流れ

　居宅介護（50ページ）、療養介護（64ページ）、短期入所（60ページ）など、障害者総合支援法の規定に従って提供されるサービスのことを総称して障害福祉サービスといいます。

　障害福祉サービスを提供する事業者となるためには、サービス事業者としての要件を満たした上で、都道府県知事（または政令指定都市や中核市の長）の指定を受けなければなりません。また、指定を受けた事業者は、6年ごとに更新の手続きをすることも必要です。この指定を受けている事業者のことを、指定障害福祉サービス事業者といいます。居宅介護をはじめ、障害者総合支援法が規定するサービスは社会福祉法に規定する第二種社会福祉事業に該当します。第二種社会福祉事業は本来、事業開始の日から1か月以内に都道府県知事に届け出る必要があると規定されています。これに対して、障害者総合支援法が規定する各種サービスについては、「事業開始前」に届け出る必要があるため、異なりますので注意が必要です。

　事業者が、障害福祉サービスの提供を始めるためには、「サービス管理者等を配置する」「必要な設備や備品を備える」「運営規程を定める」などというように、人員・設備・運営に関する基準等を満たした上で、都道府県知事などに申請をしなければなりません。ただし、いきなり申請をするのではなく、事前に都道府県等の担当部署に相談をするという方法が一般的です。その後、指定申請書などの必要書類を提出すると、審査が行われます。審査の結果、問題がないと判断されれば、指定を受けることができます。

一方、問題があると判断された場合には、申請は却下され、指定は受けられないという結果になります。

　なお、東京都では、指定は毎月1回行われており、申請書類が受理された翌々月の1日付けで指定を受けることができます。詳しい指定手続きの流れについては、各都道府県等によって異なりますので、該当する申請先によく確認をするようにしましょう。

　申請の内容が法令に定められた基準を満たしていれば指定障害福祉サービス事業者として認められますが、事業所で従事する人の知識が不足していたり、適正な福祉サービス事業の運営ができないという場合には、指定障害福祉サービス事業者として認定されません（129ページ）ので、注意が必要です。

● 指定を受けるための要件

　指定は、事業の種類、そして事業者ごとに行われます。

　指定事業者になるためには、次の要件をすべて満たしている必要があります。

① 申請者が法人格を有していること
② 事業所の従業者の知識・技術、人員が省令で定める基準を満たしていること

■ 福祉サービスを提供したい場合

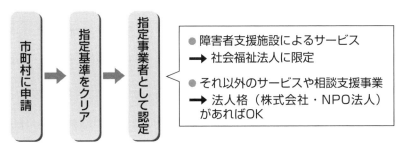

第3章　障害福祉サービス事業の申請手続きと書式

③　法律や指針で定める基準に従って適正な事業の運営ができること

④　法律上の欠格事項（指定の申請前5年以内に障害福祉サービスに関し不正な行為や著しく不当な行為をした者など）に該当しないこと

なお、介護保険の場合には、サービスを提供する側の環境が整っていないことを理由に、支給決定が拒否されません。しかし、障害福祉サービスに関しては、障害者側の事情の他に、サービスを提供する側が、本当にサービスの提供が可能であるのか、という点も、支給決定の有無の重要な判断要素になります。

● 事業者が受け取る報酬のしくみ

障害者総合支援法に基づく障害福祉サービスを提供した事業者は、サービス提供の対価として報酬を受け取ることになります。この事業者の受け取る報酬を算出するためには、まずは総費用額を計算する必要があります。

障害福祉サービスは、そのサービスの種類ごとに単位数が定められています。たとえば、居宅介護サービスのうち、日中に行う30分以上1時間未満の居宅における身体介護は392単位です。この単位数に、10円を基本とした地域ごとに設定されている単価を掛けた金額が、原則的な総費用額となります。たとえば、東京都23区内（1級地）については、居宅介護の1単位当たりの単価は11.20円と設定されています。

このようにして計算された総費用額のうち、サービスを利用した障害者が負担する能力に応じて自己負担する分（最大で1割）を除いた金額が、介護給付費または訓練等給付費として支給されることになります。

ただし、サービスの提供方法によっては、加算や減算が行われます。たとえば、喀痰吸引の体制を整えている事業者などは加算の対象となり、配置されている栄養士が非常勤の場合には減算の対象となります。

各サービスの具体的な報酬の算定基準は、「障害福祉サービス費等

の報酬算定構造」で定められています。この基準は、社会の要請に合わせて随時改定が行われています。最近では、2018年度に報酬の単価の基準となる地域区分の見直しが行われました。これにより、以前まで7区分であった地域区分が、1級地から7級地（20％～3％）とその他（0％）の8区分に変更されました。

● サービスを提供する事業者にもいろいろある

　事業者には以下の種類があります。施設や相談支援などの種類があり、法人形態を問わず、実施できるものもあります。

① 指定障害福祉サービス事業者

　居宅介護（50ページ）、重度訪問介護（52ページ）などの障害福祉サービスを提供する事業者のことです。指定障害福祉サービス事業者は、事業の運営が適正に行われる体制を整備する必要があり、責任者の配置、法令順守規程の作成、外部監査の実施などが求められます。

② 指定障害者支援施設

　障害者に対して、施設入所支援（62ページ）を行うとともに、施設入所支援以外の施設障害福祉サービスを行う施設のことです。ただし、のぞみの園（重度の知的障害者に対して支援を行う国の施設）や児童福祉施設は障害者支援施設には含まれません。

③ 指定障害児通所支援事業者

　児童発達支援、医療型児童発達支援、放課後等デイサービス及び保育所等訪問支援（206ページ）を行う事業者のことです。

④ 指定障害児入所施設

　障害児に対して、日常生活の世話や社会生活で必要な技能・知識の教育を行う施設です。施設には医療型と福祉型があります。

⑤ 指定障害児相談支援事業者

　障害児の心身の状況、環境、サービスの利用に関する意向などをふまえてサービスの利用計画（障害児支援利用計画）及びその案を作成

第3章　障害福祉サービス事業の申請手続きと書式　**125**

する事業です。

⑥　指定特定相談支援事業者

基本相談支援（必要な情報の提供や助言）と計画相談支援（サービス利用支援）の両方を行う事業者のことです。

⑦　指定一般相談支援事業者

基本相談支援と地域相談支援の両方を行う事業者のことです。地域相談支援とは、地域移行支援と地域定着支援のことです（25ページ）。地域移行支援を行う事業者を指定地域移行支援事業者、地域定着支援を行う事業者を指定地域定着支援事業者といいます。

①〜⑦のそれぞれについて、名称の最初につく「指定」とは、都道府県の指定を受けているという意味です。

なお、①障害福祉サービス事業や③障害児通所支援事業、⑤〜⑦の相談支援事業は、株式会社やNPO法人など法人形態を問わずに事業主になることができます。②障害者支援施設や④障害児入所施設は運営主体として国、地方公共団体、社会福祉法人などを想定していることがあるため、確認することが必要です。

● 事業者になるための基準とはどんなものなのか

事業者が指定を受けるために必要となる基準には、「指定障害福祉サービスの事業等の人員、設備及び運営に関する基準」（一般的に指定基準と呼ばれています）、「障害福祉サービス事業の設備及び運営に関する基準」（一般的に最低基準と呼ばれています）などがあります。

指定基準には、サービス提供の主体となる事業者が遵守すべきさまざまな事項が定められています。事業者がこれらの基準に従ってサービスを提供することにより、障害福祉サービスの質が一定以上に確保されることになります。重要事項に関する書面や領収証等の交付など、適切な事務処理が行われるための基準も定められています。

最低基準には、施設の規模や施設全体の建築構造、職員の資格など、

一定のサービスについて、適正な事業運営がされるために必要とされる基準（直接的には支援に関わらない部分についての基準）などについても定められています。

指定基準や最低基準で設定されている内容は、サービスごとに異なっています。

なお、事業の開設当初に過度の費用負担がかかることを避け、地域間の不公平にならないように、事務所などの直接サービスの実施に関わらない場所については、明文上の規定はされず、居室の面積や規程もサービスの質を維持する必要最小限でよいとされています。

このように設備基準を厳格に定めなかった理由は、事業者の新規参入を促し、従来の基準では必要な面積が確保できなかった地域でもサービスを提供できるようにするためです。

地域によっては、空き教室や空き店舗などを利用するようになれば、設備の有効利用もできますし、地域の活性化につながる可能性もあります。

■ 事業者の種類

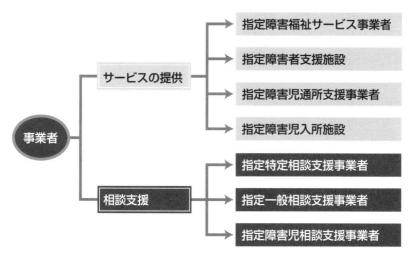

● 人員基準・設備基準・運営基準の特徴

　障害者総合支援法に定められている障害福祉サービスを提供したい事業者は、一定の基準をクリアして、指定事業者として認められなければなりません。基準には、人員基準・設備基準・運営基準の３つがあります。居宅介護、生活介護、自立訓練、施設入所支援、共同生活援助などさまざまな障害福祉サービスがありますが、それぞれに３つの基準の内容は異なります。しかし、下記のような考え方は共通しています。

①　障害福祉サービスを提供する際には、障害種別にかかわらず、共通の基準とすること

②　サービスの質を向上させるため、サービス管理責任者などを配置することとし、虐待防止などの責務を明確化すること

③　利用者に対して安全なサービスを行うために必要な面積の区画、設備、備品を設けること、また、身近な地域で利用者のニーズに応じたサービスを提供するため、多機能型の施設も設置可能とすること

　質の高いサービスをより低コストで、一人でも多くの人に提供できるよう、区分・内容・定員・達成度に応じて報酬が設定されています。

　たとえば、最低基準や指定基準により、療養介護では医師・看護職員・生活支援員・サービス管理責任者を置く必要があります。これと同じように、他の生活介護や短期入所といった支援制度の中でも、それぞれ具体的に人員基準について規定されています。

　生活介護を行う場合も同じように、医師・看護職員・生活支援員・サービス管理責任者を置かなければなりません。設備についても最低基準や指定基準により、訓練室・作業室・相談室・洗面所・便所を設ける必要があることが決められています。

　他にも、自立訓練（機能訓練）を行う場合には、管理者・看護職員・理学療法士・作業療法士・生活支援員・サービス管理責任者を配

置しなければなりません。これらの決まりについては、最低基準と指定基準の両方に規定されているので、両方の規程を参照する必要があります。

　施設系事業では、人口規模が小さいところも、地域の特性と利用者の状況に合わせ、複数のサービスが一体となった運営を行う多機能型が認められています。このことにより、利用者は自分のニーズに合わせて複数のサービスを受けることができます。ただし、事業者の指定は、6年ごとの更新が必要な他、指定の取消しがなされることもあります。指定が取り消されるのは、自立支援給付費の不正請求や検査の拒否といった事由がある場合です（障害者総合支援法50条）。

◉ 事業者としての指定を受けることができない場合

　指定障害福祉サービス事業者は、障害者が自立した生活を営むことができるように努めなければなりません。そのために、障害者の意思決定の支援に配慮するとともに、市町村、公共職業安定所、教育機関などとの連携を図りつつ、常に障害者等の立場に立って、適切なサービスを提供するように努めなければなりません。

　そのため、サービスを提供する事業者としてふさわしくないと判断さ

■ 事業者として指定されるために満たすことが要求されている基準 …

基　準	内　容
人員基準	サービス提供に直接必要になる職員についての基準。サービス管理責任者や、サービス提供責任者について規定している
施設基準	サービスを行う施設についての基準。サービスの質を維持するために最低限必要なレベルを要求している
運営基準	サービスの内容と提供する手順についての基準。利用者が負担する金額の範囲や虐待防止についての責務について規定している

第3章　障害福祉サービス事業の申請手続きと書式　**129**

れた事業者は、障害福祉サービス事業者としての指定を受けることができません。たとえば、以下の事由（欠格事由）に該当する場合、事業者としての指定を受けることはできません（障害者総合支援法36条）。

・申請者が都道府県の条例で定める者でないとき
・事業所の従業者の知識・技能・人員が、都道府県の条例で定める基準を満たしていないとき
・申請者が事業の設備及び運営に関する基準に従って適正な障害福祉サービス事業の運営をすることができないと認められるとき

　事業者がこうした欠格事由に該当している場合、利用者に対して、安心・安全な生活を実現させるためのサービスを提供することができないと判断されますので、指定申請をしても却下されることになります。
　その他にも、指定を受けようとする事業者は、障害者総合支援法や障害者総合支援法に基づく基準等と関連のあるさまざまな規定（たとえば、建築基準法、消防法、障害者虐待防止法、障害者差別解消法、労働基準法など）についても、遵守していることが求められます。
　なお、指定を受けた後にも、指定障害福祉サービス事業者が、給付の不正受給を行うなど、不正行為が認められた場合には、指定の取消しや、指定期間更新拒否の対象になります。指定の取消しや更新の拒否の判断にあたっては、連座制がとられていることに注意が必要です。
　連座制とは、指定の取消しや更新拒否の対象になっている事業者の、グループ企業などで、不正行為への加担が認められる場合に、そのグループ企業についても、同様に指定の取消しや更新拒否が行われることをいいます。かつては、不正行為への加担の有無を問わず、不正行為を行った事業者のグループ企業などにあたる場合には、一律指定取消しや更新拒否の対象になっていました。

130

しかし、規制があまりにも厳しすぎることから、現在では、立入検査などによって、組織的関与の有無を判断した上で、組織的関与が認められるグループ企業などについてのみ、連座制が適用されています。

● 基準該当障害福祉サービスとは

基準該当障害福祉サービスとは、指定障害福祉サービスを提供する事業者としての基準は満たしていないものの、介護保険事業所等の基準は満たしているという事業所が、市町村に認めてもらうことによって、利用者に提供することのできる障害福祉サービスのことをいいます。たとえば、離島である、中山間地域である、などといった理由で、指定基準を満たす事業者の参入が見込めなかったり、特定のサービスの供給が足りない場合に、提供することが認められています。

本来であれば、基準を満たしていない以上、その事業者は障害福祉サービスを事業として行うことはできません。しかし、一定の要件（介護保険事業所の要件を満たしているなど）を満たす事業所であり、かつ、当該地域にサービスの需要があるという場合には、指定基準を満たしていなくても、障害福祉サービスを提供することが認められているというわけです。障害者がサービスに要した費用については、受けたサービスの内容に応じて特例介護給付費または特例訓練等給付費として支給を受けることになります。サービスの内容が、居宅介護・重度訪問介護・同行援護・行動援護・療養介護・生活介護・短期入所・重度障害者等包括支援・施設入所支援の場合には特例介護給付費が支給されることになります。また、自立訓練（機能訓練・生活訓練）・就労移行支援・就労継続支援・共同生活援助の場合には、特例訓練等給付費が支給されます。

なお、基準該当障害福祉サービスの給付決定は、市町村の判断になるため、事業者は該当の自治体に事前に確認することになります。

2 サービス管理責任者について知っておこう

責任の所在を明確にするために配置される

● サービス管理責任者はどんな仕事をするのか

　障害福祉サービスを提供する事業者において、利用者の初期状態を把握した上で、達成すべき目標を設定し、定期的なサービスの評価を行う者のことをサービス管理責任者といいます。

　事業所は、サービス管理責任者を事業所ごとに配置しなければなりません。サービス管理責任者は、専任の者でなければなりません。サービス管理責任者の配置基準は、事業所の種別に合わせて設定されています。療養介護、生活介護、自立訓練、就労移行支援、就労継続支援を行う事業所では、利用者60名に対して1名の管理責任者の配置が必要です。これに対して、共同生活援助を行う事業所では、利用者30名に対して1名の管理責任者を配置します。

　サービス管理責任者の具体的な仕事としては、①サービス開始前の考慮事項の把握、②到達目標の設定、③個別支援計画の作成、④継続的利用、⑤終了時の評価、などが主な内容となっています。

　サービス管理責任者以外の人員については、提供するサービスを維持するために必要な職員に限定して、事業ごとに設定されています。

　サービス管理責任者の仕事は、障害の特性や障害者の生活実態に関して豊富な知識と経験が必要であり、個別支援計画の作成・評価を行える知識と技術がなければ務まりません。そのため、サービス管理責任者になるためには、実務要件や研修要件を満たす必要があります。

● サービス管理責任者の実務要件と研修要件とは

　2019年4月から、サービス管理責任者の研修要件が変更されました。

これまであった相談支援従事者初任者研修やサービス管理責任者等研修の見直しを行い、基礎研修として位置づけました。さらに、新たに創設されたサービス管理責任者等実践研修を受講することで、サービス管理責任者として配置されます。サービス管理責任者を続けていくためには、5年毎にサービス管理責任者等更新研修も受講しなければなりません。基礎研修に加えて、実践研修や更新研修を行うことで、知識や技術の更新を図りながら、実践を積み重ね、段階的なスキルアップを図ることができます。一方で、実務要件は緩和され、たとえば、直接支援業務10年が8年に短縮され、資格者の場合は相談、直接支援業務が3年から1年に短縮されています。

新体系への要件変更があったため、すでに旧体系の要件を満たしている者は、基礎研修受講後にサービス管理責任者として配置を認めるなど経過措置が実施されます。

■ **サービス管理責任者になるための要件**

実務要件
障害者の保健や医療などの分野における支援業務の実務経験(1～8年)

＋

基礎研修
①相談支援従事者初任者研修、
②サービス管理者責任者等研修を受講
(新規創設)実践研修
サービス管理責任者等実践研修を受講

(新規創設)
専門コース別研修
※必要に応じて受講、必須ではない

＋

サービス管理責任者として配置

↓

(新規創設)更新研修
サービス管理責任者等更新研修を5年毎に受講

※すでに旧体系の要件を満たしている場合は、基礎研修受講後にサービス管理責任者として配置を認めるなど経過措置がある

3 事業者の法定代理受領制度とはどんな制度なのか

市町村からサービス費用が事業者に直接支払われるしくみ

● どんな制度なのか

　法定代理受領とは、サービスの利用者が事業者などからサービスを受けたときに、利用者が事業者に支払う費用について、市町村が、利用者の代わりに事業者に支払う制度です（障害者総合支援法29条）。事業者に支払われる費用は介護給付費または訓練等給付費として支給される金額が上限額となります。

　法定代理受領制度は、利用者・事業者双方にとってメリットの大きな制度といえます。まず、利用者側のメリットについて見ていきましょう。利用者が事業者から障害福祉サービスを受けたときには、当然ながら、利用者はサービスの利用料を事業者に支払わなければなりません。仮に利用料の全額をサービス提供事業者に支払わなければならない場合、いったん障害者がかかった費用の全額を事業者に支払い、市町村に対して、給付申請を行うことによって、後から返還してもらうことになります。このような場合、一時的に利用者の負担は重くなり、サービス利用を自ら制限するようになると、本来、自立に向けての障害福祉サービスの役割が果たされなくなる可能性があります。

　これに対して、法定代理受領制度では、市町村が、介護給付費または訓練等給付費に相当する費用を利用者ではなく、サービス事業者に支払うことになります。そのため、利用者はサービス利用時点で、自己負担額を超える分の利用料を支払う必要がありません。

　一方、事業者の立場からすると、本来の流れに沿った場合には、サービス提供時点において、重い金銭負担がかかる障害者から、確実にサービス料の支払いを受けることができるのかが懸念されます。ま

してや、後に自己負担額を超える金額について、障害者に支給されるといっても、障害者に手渡された金額が、確実に事業者へのサービス利用料の支払いに充てられるという保証もありません。そのため、法定代理受領制度を利用すれば、直接、事業者に対して給付額が手渡されるしくみですので、事業者は確実に費用を受け取ることができます。

法定代理受領は、利用者・事業者双方にメリットがある制度ですが、本来利用者に支払われるべき給付を事業者に支払うしくみになっていますので制度を利用する際には利用者の同意が必要です。各市町村で手続きや契約書や同意書の様式について定めている可能性があるため、自治体に確認することになります。

法定代理受領の具体的な流れとしては、まず、指定事業者や相談支援事業者が、1か月間に利用者に提供したサービスや相談支援の請求書を、当該月末に作成します。作成した請求書は、翌月初旬の締め切り日までに市町村に提出します。市町村は、提出された請求内容を精査して、問題がなければ事業者に介護給付費などを支給します。なお、実際の事業者からの請求や事業者への支払手続きは、国民健康保険団体連合会が市町村の委託を受けて行います。

■ **法定代理受領のしくみ**

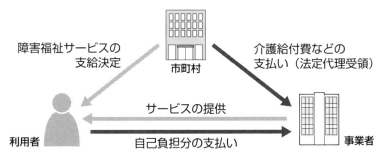

第3章　障害福祉サービス事業の申請手続きと書式

4 障害者優先調達推進法について知っておこう

障害者就労施設等の経営強化のために定められている

● どんな法律なのか

障害者優先調達推進法（国等による障害就労施設等からの物品等の調達の推進等に関する法律）は、障害のある人の経済的な自立を支援することを目的として2012年6月に成立、2013年4月1日から施行された法律です。障害者が経済的に自立するためには、就労の場を確保することが必要です。このため、国等はこれまでにも障害者雇用促進法等によって民間企業での障害者の雇用率向上を図る障害者への職業訓練や職業紹介を行うといった施策を講じており、一定の成果も上がっていました。

一方、重度の障害があって通勤が困難だったり、軽作業しかできないといった事情がある場合、障害福祉サービス事業所などでの就労が中心となります。しかし、障害福祉サービス事業所などの経営基盤は、「以前は手作業で行っていた軽作業が機械化でなくなる」「景気に左右されて仕事量が不安定」といった事情により脆弱で、経済的に自立できるような収入が見込めないという現状がありました。そこで同法は、国や地方公共団体等に対し、障害福祉サービス等事業所や在宅就労障害者、障害者を多数雇用している企業等から優先的に物品・サービスを購入するよう努力することを求め、事業所等の経営基盤の強化を図っています。

● どんな事業所に対してどんな発注をするのか

国や地方自治体は、以下の施設などから優先的に物品・サービスを購入するように、努力することになります。

・**障害者総合支援法に基づく事業所・施設等**

就労移行支援事業所、就労継続支援事業所、生活介護事業所、障害者支援施設、地域活動センター、小規模作業所などがあります。

・**障害者を多数雇用している企業**

障害者雇用促進法の特例子会社、重度障害者多数雇用事業所などがあります。

・**在宅就業障害者**

在宅で仕事をしている障害者の業務内容にはさまざまなものがあります。たとえば、①部品加工業、パン、クッキー、弁当などの食品製造、家具製造などの製造業、②清掃業、クリーニング業、データ入力やテープ起こし、ホームページ作成などのパソコン業務などのサービス業、③手芸品・陶芸品等自主製品の製造販売などの販売業、④その他の印刷業、軽作業といった業務です。

国や地方公共団体からの具体的な発注内容としては、公園や公的施設の清掃、議会や委員会などの内容を録音した音声のテープ起こし、パンフレットなどの印刷といったことが考えられます。

地方公共団体や地方独立行政法人は、障害者就労施設等への受注が増大するように、必要な措置を講ずるよう努めなければなりません。また、障害者就労施設は、購入者に対して供給する物品の情報を提供するよう努めたり、物品の質の向上や円滑な供給のために努めることが求められます。

■ 障害者優先調達推進法に定められている責務 ⋯⋯⋯⋯⋯⋯⋯⋯

国・独立行政法人等	優先的に障害者就労施設等から物品等を調達するよう努める責務
地方公共団体・地方独立行政法人	障害者就労施設等の受注機会の増大を図るための措置を講ずるよう努める責務

第3章　障害福祉サービス事業の申請手続きと書式　**137**

5 居宅介護の指定基準と申請手続き

緊急時には医療機関とも連携する

● 事業を始めるためには基準を満たすことが必要である

　居宅介護のサービスは、入浴・排せつ・食事・洗濯・掃除などの家事や生活全般にわたる援助を行う事業になります。重度訪問介護のサービスは、重度の肢体不自由者であって常に介護を必要としている障害者が自宅で日常生活を営むことができるよう、生活全般にわたって援助をする事業です。同行援護のサービスは、視覚に障害があることで、移動が困難な障害者が生活できるよう、障害者が外出する際に必要な情報を提供したり、障害者の移動に同行するサービスです。行動援護のサービスは、知的障害者や精神障害者が移動する際に生じる危険を回避するために必要な援助や、外出時における移動中の介護などを行うことを内容としています。

● どのような人員を配置するのか

　居宅介護・重度訪問介護・同行援護・行動援護のサービスを行う事業者は、直接介護を行う従業員とサービス提供責任者、常勤の管理者を配置する必要があります。サービス提供責任者は事業所の規模に応じて、一人以上配置します。

● どのような設備でなければならないのか

　居宅介護・重度訪問介護・同行援護・行動援護のサービスを行う事業者は、事業の運営に必要な広さをもつ専用の区画を設け、サービスの提供に必要な設備を備える必要があります。

● 運営上の注意点は

　居宅介護・重度訪問介護・同行援護・行動援護のサービスを行う事業者は、正当な理由なくサービス提供を拒むことはできません。利用者に対して適切なサービスを提供することが困難な場合には、他の事業者を紹介する必要があります。

　また、事業者は、どのようなサービスを提供したかについて記録し、利用者が市町村へ介護給付費の支給申請を行う場合にはそれに協力する必要があります。サービスを提供している際に利用者の病状が急変した場合には、医療機関への連絡などを行うことが義務づけられています。

　さらに、事業者は業務の中で知った利用者や利用者の家族に関する情報を、正当な理由なく第三者に開示することは禁止されています。他の障害福祉事業者に利用者を紹介することの対価として、金銭などを授受することも禁止されています。

● どんな書類を提出するのか

　事業を始めるためには、以下の書類を提出します。添付書類の中には、申請の形態によっては提出が不要なものもありますから、あらかじめ確認することが必要です。以下の申請書類とともに、事業開始届として、事業計画書及び収支予算書を提出することになります。

【申請書】
・指定申請書（141ページ）
・指定に係る記載事項（142ページ）

【添付書類】
・実施主体が地方公共団体である場合は、事業実施について定めてある条例等
・登記事項証明書
・事業所の平面図・写真

第3章　障害福祉サービス事業の申請手続きと書式　**139**

・事業所の管理者の経歴書

・サービス提供責任者の経歴書

・実務経験証明書

・運営規程

・主な対象者を特定する理由書

・利用者からの苦情を解決するために講じる措置の概要

・申請に関する事業についての従事者の勤務の体制・勤務形態一覧表

・居宅介護員の資格証明書の写し

・就業規則またはそれに準ずるもの

・指定を受けられない事由がないことに関する誓約書・役員等名簿

・事業開始届（事業計画書・収支予算書）

● 書式作成上の注意点

指定申請書、指定に係る記載事項の書式を作成する際には以下の点に留意します。

書式1　指定申請書（居宅介護）

事業所の住所などの記載にあたっては、登記事項証明書に記載されているとおりに記載しなければなりません。「法人の種別」欄には、申請者が法人である場合の法人の種類、たとえば、社会福祉法人、医療法人、一般社団法人、一般財団法人、株式会社などを記載します。押印欄には、法人の代表者印を押印します。指定障害福祉サービスの欄には、実施するサービス（本書式の場合、居宅介護と行動援護）の名称を記載します。

書式2　指定に係る記載事項（居宅介護）

居宅介護以外にも行動援護など複数種類のサービスを行う場合は、「サービス内容」欄に複数のサービス種類を記載し、まとめて提出します。合わせて、主たる対象者もサービス種類ごとに記載します。主たる対象者を特定しない場合は、上記添付書類の理由書は必要ありません。

✒ 書式1　指定申請書（居宅介護）

第1号様式（第2条関係）

受付番号

指定障害福祉サービス事業者
指定障害者支援施設　　指定（更新）申請書　　2019 年　3 月　1 日
指定一般相談支援事業者

東京都知事　　殿

所在地　東京都渋谷区○○町○－○
申請者
（設置者）名　称　社会福祉法人　○○○○
代表者の氏名　甲野　乙男　⟨代表者印⟩

障害者の日常生活及び社会生活を総合的に支援するための法律に規定する事業所（施設）に係る指定（更新）を受けたいので、
下記のとおり、関係書類を添えて申請します。

記

<table>
<tr><td rowspan="7">申請者
（設置者）</td><td>フ リ ガ ナ</td><td colspan="5">シャカイフクシホウジン　○○○○</td></tr>
<tr><td>名　　　　称</td><td colspan="5">社会福祉法人　　○○○○</td></tr>
<tr><td rowspan="2">主たる事務所の所在地</td><td colspan="5">（郵便番号　　○○○ － ○○○○ ）</td></tr>
<tr><td colspan="2">東京　㊞都道府県　　渋谷</td><td>郡・市区　○○</td><td colspan="2">㊞町村　○－○</td></tr>
<tr><td>法 人 の 種 別</td><td colspan="2">社会福祉法人</td><td>法人所轄庁</td><td colspan="2">東京都</td></tr>
<tr><td>連絡先電話番号</td><td colspan="2">０３－○○○○－○○○○</td><td>Ｆ Ａ Ｘ 番 号</td><td colspan="2">０３－○○○○－○○○○</td></tr>
<tr><td rowspan="1">代表者の職・氏名</td><td colspan="2">職　　名　　　理事長</td><td>フ リ ガ ナ
氏　　　名</td><td colspan="2">コウノ　オツオ
甲野　乙男</td></tr>
</table>

（郵便番号　　○○○ － ○○○○ ）
代 表 者 の 住 所　　東京　㊞都道府県　　大田　　郡・市区　○○　　㊞町村　○－○

<table>
<tr><td rowspan="13">指定又は更新を受けようとする事業所・施設の種類</td><td>フ リ ガ ナ</td><td colspan="5">キョタクカイゴシエンギョウショ　○○○○</td></tr>
<tr><td>名　　　　称</td><td colspan="5">居宅介護支援事業所　○○○○</td></tr>
<tr><td rowspan="2">事業所（施設）の所在地</td><td colspan="5">（郵便番号　　○○○ － ○○○○ ）</td></tr>
<tr><td colspan="2">東京都
　　新宿</td><td>郡・市区　○○</td><td colspan="2">㊞町村　○－○</td></tr>
<tr><td>上記事業所において行う事業等の種類</td><td>指定（更新）申請をする事業等の事業開始（予定）年月日</td><td>様　式</td><td colspan="3">現に受けている指定の有効期間満了日（更新申請時に限る。）　　備　考</td></tr>
<tr><td rowspan="5">サービス
指定障害福祉</td><td>居宅介護</td><td>2019年5月1日</td><td>付表1</td><td></td><td></td></tr>
<tr><td>行動援護</td><td>2019年5月1日</td><td>付表1</td><td></td><td></td></tr>
<tr><td></td><td></td><td></td><td></td><td></td></tr>
<tr><td></td><td></td><td></td><td></td><td></td></tr>
<tr><td></td><td></td><td></td><td></td><td></td></tr>
<tr><td>施設
指定障害者支援</td><td></td><td></td><td></td><td></td><td></td></tr>
<tr><td>支援相談一
一般指定</td><td></td><td></td><td></td><td></td><td></td></tr>
<tr><td colspan="6"></td></tr>
</table>

<table>
<tr><td rowspan="2">事業所番号</td><td>障害者の日常生活及び社会生活を総合的に支援するための法律において既に指定を受けている場合</td><td>サービスの種類</td></tr>
<tr><td></td><td></td></tr>
</table>

備考
1　「受付番号」欄には記載しないでください。
2　「法人の種別」欄には、申請者が法人である場合に、「社会福祉法人」「医療法人」「一般社団法人」「一般財団法人」
　「株式会社」等の別を記載してください。
3　「法人所轄庁」欄には、申請者が認可法人である場合に、その主務官庁の名称を記載してください。
4　「上記事業所において行う事業等の種類」欄には、今回申請するものについて事業の種類を記載してください。
5　「事業所番号」欄には、東京都において既に事業所としての指定を受け、番号が付番されている場合に、その事業所番
　号を記載してください。
　複数の番号を有する場合及び他の法律において既に指定を受けている場合は、別紙にその全てを記載してください。
6　申請する事業所・施設の事業等の種類に応じて付表等を添付してください。

第3章　障害福祉サービス事業の申請手続きと書式　　141

書式2　指定に係る記載事項（居宅介護）

付表1　居宅介護・重度訪問介護・同行援護・行動援護事業所等の指定に係る記載事項

		受付番号	

事業所	フリガナ	キョタクカイゴシエンジギョウショ ○○○○			
	名称	居宅介護支援事業所　○○○○			
	所在地	（郵便番号○○○-○○○○） 東京都新宿区○○町○-○			
	連絡先	電話番号	03-○○○○-○○○○	FAX番号	03-○○○○-○○○○

管理者	フリガナ	ヘイヤマ イチロウ	住所	（郵便番号○○○-○○○○） 東京都新宿区○○町○-○
	氏名	丙山 一郎		
	居宅介護従業者等との兼務の有無		有　・　無	
	同一敷地内の他の事業所又は施設の従業者との兼務（兼務の場合記入）	事業所等の名称		
		兼務する職種及び勤務時間等		
	実施主体が地方公共団体である場合は、当該事業の実施について定めてある条例等		第　条第　項第　号	

サービス提供責任者	フリガナ	スズキ ハナコ	住所	（郵便番号○○○-○○○○） 東京都北区○○町○-○
	氏名	鈴木 花子		

従業者の職種・員数		居宅介護事業従業者		その他の従業者	
		専従	兼務	専従	兼務
従業者数	常勤（人）	2		1	
	非常勤（人）	3			
常勤換算後の人数（人）		2.8			
基準上の必要人数（人）					

主な掲示事項	
営業日	月～金　ただし祝日・12月31日から1月3日を除く
営業時間	9：00　～　17：00
サービス内容	居宅介護【身体介護・通院介助】・家事援助（家事援助・通院介助）・乗降介助】 重度訪問介護・同行援護・行動援護
主たる対象者	居宅介護　特定無し・身体障害者・知的障害者・障害児・精神障害者・難病等対象者 重度訪問介護　特定無し・身体障害者・精神障害者・障害児・難病等対象者・加算対象者以外 同行援護　　　　　　　特定無し・身体障害者・障害児・難病等対象者 行動援護　　特定無し・知的障害者・障害児・精神障害者・難病等対象者
利用料	厚生労働大臣が定める基準による額
その他の費用	実施地域以外の交通費
通常の事業の実施地域	新宿区・中野区・渋谷区
その他参考となる事項	第三者評価の実施状況　している・していない
	苦情解決の措置概要　窓口（連絡先）管理者　担当者　丙山 一郎
	その他
添付書類	別添のとおり（登記簿謄本又は条例等、事業所平面図、経歴書、運営規程、利用者からの苦情を解決するために講ずる措置の概要、勤務体制・形態一覧表、設備・備品等一覧表）

（備考）
1. 複数種類のサービスを実施する場合、「サービス内容」欄に複数のサービス種類を記載して本様式1枚にまとめて提出してください。なお、居宅介護の指定とあわせて重度訪問介護の指定を受けようとする場合は重度訪問介護も記載してください。
2. 「受付番号」「基準上の必要人数」欄には、記載しないでください。
3. 記入欄が不足する場合は、適宜欄を設けて記載するか又は別紙に記載した書類を添付してください。
4. 「主な掲示事項」欄には、その内容を簡潔に記載してください。
5. 出張所等がある場合は、付表1-2にも記載してください。また、従業者については、本様式中に出張所に勤務する職員も含めて記載してください。
6. 「その他の費用」欄には、利用者に直接金銭の負担を求める場合のサービス内容について記載してください。
7. 「通常の事業の実施地域」欄には、市区町村名を記載することとし、当該区域の全部又は一部の別に記載してください。なお、一部の地域が実施地域である場合は適宜地図を添付してください。
8. 共生型居宅介護又は共生型重度訪問介護の申請の場合、以下の書類の提出を省略することができます。
（1）登記事項証明書又は条例等　　（2）事業所平面図
（3）管理者及びサービス提供責任者の氏名、生年月日、住所及び経歴　　（4）利用者からの苦情を解決するために講ずる措置の概要

（日本工業規格A列4番）

6 療養介護の指定基準と申請手続き

心身の機能の回復を図るため機能訓練を実施する

● 事業を始めるためには基準を満たすことが必要である

　療養介護サービスは、病院などで機能訓練、療養上の管理、看護、医学的管理下での介護を提供します。

　療養介護は、特定の病状で障害支援区分５、６の重度の障害者を対象とするサービスであり、病床などを設置していない事業主では運営ができないのが実情です。

　療養介護のサービスを提供する場合、事業所ごとに一定数の医師・看護職員・生活支援員・サービス管理責任者を配置する必要があります。事業所ごとに職務に専念する管理者も配置することになります。

　療養介護のための事業所では、病院としての施設や多目的室など、療養介護のために必要な設備を備える必要があります。

　療養介護事業者は、利用者の心身の機能の回復を図るために、必要な機能訓練を行います。また、運営規程として、事業の目的、従業者の職種・員数、利用定員、緊急時等における対応方法、虐待の防止のための措置に関する事項などを定めておく必要があります。

　療養介護サービスを提供する際には、やむを得ない場合でなければ、利用者の身体を拘束することは禁じられています。やむを得ず身体の拘束を行う場合には、拘束した時間などを記録する必要があります。

● どんな書類を提出するのか

　事業を始めるためには、以下の書類を提出します。添付書類の中には、申請の形態によっては提出が不要なものもありますから、あらかじめ確認することが必要です。

第３章　障害福祉サービス事業の申請手続きと書式　**143**

【申請書】

・指定申請書（146ページ）

・指定に係る記載事項（147ページ）

　なお、療養介護のサービスを提供する事業者が受け取る報酬について加算の要件を満たす場合には、介護給付費等算定に係る体制等に関する届出書、介護給付費等算定に係る体制等状況一覧表、勤務形態一覧表を提出します。

【添付書類】

・申請者の定款、寄付行為等・登記事項証明書または条例等

・平面図及び設備・備品等一覧表

・建物面積表

・土地、建物登記簿または賃貸借契約書

・医療法第7条の許可を受けた病院であることを証明する書類

・管理者・サービス管理責任者の経歴書

・管理者・サービス管理責任者の資格等の証明書

・実務経験証明書・実務経験見込証明書

・サービス管理責任者研修・相談支援従事者初任者研修修了証

・運営規程

・利用者からの苦情を解決するために講じる措置の概要

・主な対象者を特定する理由書

・申請に関する事業についての資産の状況（貸借対照表、財産目録など）

・就業規則

・指定を受けられない事由がないことに関する誓約書・役員等名簿

・事業開始届、事業計画書、資金収支予算書、利用者名簿、消防計画、給与規程等、権利擁護に関する規程、研修計画、危機管理マニュアル、関係協力機関一覧、書類差替確約書

● 書式作成上の注意点

指定申請書、指定に係る記載事項の書式を作成する際には以下の点に留意します。

書式3 指定申請書（療養介護）

指定申請書の提出年月日を記載の上で、申請者については、所在地・施設の名称・代表者の氏名を記載します。押印欄には、法人の代表者印を押印します。「申請者（設置者）」欄には、申請を行う施設の名称などを記載するとともに、法人の種類を記載する必要があります。書式3（次ページ）の記載例では、「社会福祉法人」と記載していますが、法人の種類に応じて、「医療法人」・「財団法人」・「株式会社」などと記載することになります。

「法人所轄庁」の記載欄については、記載例3では社会福祉法人の所轄庁として「東京都」と記載しています。社会福祉法人の場合、「厚生労働省」や法人の所在地がある「市町村」を記載することもできます。また、営利法人である場合には、「法務局」と記載します。

「指定を受けようとする事業所の概要」欄について、「指定障害福祉サービス」欄に、「療養介護」と記載して、事業開始予定年月日を記載するとともに、「様式」欄には「付表2」と記載します。

書式4 指定に係る記載事項（療養介護）

「事業所」欄は、指定を受けようとする事業所の名称を記載します。申請書に記載した施設名と同一の場合も、記載の省略はできません。

「サービス管理責任者」欄や「従業員の職種・員数」欄は、指定基準を満たしていなければなりません。療養介護の場合は、サービス管理責任者の配置が必須であるとともに、前年度の平均利用者数に対して、原則として4：1の割合になるよう、生活支援員を配置する必要がありますので、これらの指定基準に沿った内容の記載になっているかを確認する必要があります。

第3章 障害福祉サービス事業の申請手続きと書式 145

書式3　指定申請書（療養介護）

別記
第1号様式（第2条関係）

	受付番号	

指定障害福祉サービス事業者
指定障害者支援施設　　　指定（更新）申請書　2019 年 3 月 1 日
指定一般相談支援事業者

東京都知事　殿

申請者
（設置者）
所在地　東京都渋谷区○○町○－○
名　称　社会福祉法人　○○会
代表者の氏名　甲野　乙男　㊞（代表者印）

障害者の日常生活及び社会生活を総合的に支援するための法律に規定する事業所（施設）に係る指定（更新）を受けたいので、下記のとおり、関係書類を添えて申請します。

記

<table>
<tr><td rowspan="7">申請者（設置者）</td><td>フ リ ガ ナ</td><td colspan="4">シャカイフクシホウジン ○○カイ</td></tr>
<tr><td>名　　　称</td><td colspan="4">社会福祉法人 ○○会</td></tr>
<tr><td>主たる事務所の所在地</td><td colspan="4">（郵便番号 ○○○ － ○○○○）
東京（都）府県 渋谷（区）郡・市 ○○（町）村 ○－○</td></tr>
<tr><td>法 人 の 種 別</td><td>社会福祉法人</td><td>法 人 所 轄 庁</td><td colspan="2">東京都</td></tr>
<tr><td>連 絡 先 電 話 番 号</td><td>03－○○○○－○○○○</td><td>F A X 番 号</td><td colspan="2">03－○○○○－○○○○</td></tr>
<tr><td>代表者の職・氏名</td><td>職 名 理事長</td><td>フリガナ
氏 名</td><td colspan="2">コウノ オツオ
甲野 乙男</td></tr>
<tr><td>代 表 者 の 住 所</td><td colspan="4">（郵便番号 ○○○ － ○○○○）
東京（都）府県 大田（区）郡・市 ○○（町）村 ○－○</td></tr>
</table>

<table>
<tr><td rowspan="10">指定（更新）を受けようとする事業所・施設の種類</td><td>フ リ ガ ナ</td><td colspan="5">○○ビョウイン</td></tr>
<tr><td>名　　　称</td><td colspan="5">○○病院</td></tr>
<tr><td>事業所（施設）の所在地</td><td colspan="5">（郵便番号 ○○○ － ○○○○）
東京都 新宿（区）郡・市 ○○（町）村 ○－○</td></tr>
<tr><td>上記事業所において行う事業等の種類</td><td>指定（更新）申請をする事業等の事業開始（予定）年月日</td><td colspan="2">様 式</td><td>現に受けている指定の有効期間満了日（更新申請時に限る。）</td><td>備 考</td></tr>
<tr><td rowspan="3">指定障害福祉サービス</td><td>療養介護</td><td>2019 年 5 月 1 日</td><td colspan="2">付表2</td><td></td><td></td></tr>
<tr><td></td><td></td><td colspan="2"></td><td></td><td></td></tr>
<tr><td></td><td></td><td colspan="2"></td><td></td><td></td></tr>
<tr><td>指定障害者支援施設</td><td></td><td></td><td colspan="2"></td><td></td><td></td></tr>
<tr><td>指定一般相談支援</td><td></td><td></td><td colspan="2"></td><td></td><td></td></tr>
<tr><td>事業所番号</td><td colspan="3">障害者の日常生活及び社会生活を総合的に支援するための法律において既に指定を受けている場合</td><td colspan="2">サービスの種類</td></tr>
</table>

備考
1 「受付番号」欄には記載しないでください。
2 「法人の種別」欄には、申請者が法人である場合に、「社会福祉法人」「医療法人」「一般社団法人」「一般財団法人」「株式会社」等の別を記載してください。
3 「法人所轄庁」欄には、申請者が認可法人である場合に、その主務官庁の名称を記載してください。
4 「上記事業所において行う事業等の種類」欄には、今回申請するものについて事業の種類を記載してください。
5 「事業所番号」欄には、東京都において既に事業所としての指定を受け、番号が付番されている場合に、その事業所番号を記載してください。
　複数の番号を有する場合及び他の法律において既に指定を受けている場合は、別紙にその全てを記載してください。
6 申請する事業所・施設の事業等の種類に応じて付表等を添付してください。

（日本工業規格A列4番）

書式4　指定に係る記載事項（療養介護）

付表2　療養介護事業所の指定に係る記載事項

受付番号 _____

事業所	フリガナ	○○ビョウイン		
	名称	○○病院		
	所在地	（郵便番号 ○○○-○○○○） 東京都　新宿区○○町○-○		
	連絡先	電話番号　03-○○○○-○○○○　FAX番号　03-○○○○-○○○○		

管理者	フリガナ	ヘイヤマ　イチロウ	住所	（郵便番号 ○○○-○○○○） 東京都新宿区○○町○-○
	氏名	丙山　一郎		
	同一敷地内の他の事業所 又は施設の従業者との兼 務（兼務の場合記入）	事業所等の名称		
		兼務する職種及び 勤務時間等		

当該事業の実施について定めてある定款・寄付行為等又は条例等　　第　　条第　　項第　　号

サービス 管理責任者	フリガナ	スズキ　ハナコ	住所	（郵便番号 ○○○-○○○○） 東京都北区○○町○-○
	氏名	鈴木　花子		

従業者の職種・員数	サービス管理責任者		医師		生活支援員		看護職員	
	専従	※兼務	専従	※兼務	専従	※兼務	専従	※兼務
従業者数　常勤（人）	2		2		4		2	
非常勤（人）			1		2		1	
常勤換算後の人数（人）	2		2.5		5.5		2.5	
基準上の必要人数（人）								

	看護補助者							
	専従	※兼務	専従	※兼務	専従	※兼務	専従	※兼務
従業者数　常勤（人）	2							
非常勤（人）	1							
常勤換算後の人数（人）	2.5							
基準上の必要人数（人）								

従業者数　常勤（人）	
非常勤（人）	
常勤換算後の人数（人）	
基準上の必要人数（人）	

前年度の平均利用者数（人）	18
主な掲示事項	
利用定員	20 人（単位ごとの定員）（①　　　　　②　　　　　）
基準上の必要定員	
設置部分	多目的室（デイルーム）　　有　・　無
利用料	運営規程に定めるとおり
その他の費用	運営規程に定めるとおり
その他参考となる事項	第三者評価の実施状況　している・していない
	苦情解決の措置概要　窓口（連絡先）　管理者　担当者　丙山　一郎
	その他
添付書類	別添のとおり（定款、寄付行為等及び登記簿謄本又は条例等、建物の構造概要及び平面図、経歴書、運営規程、利用者からの苦情を解決するために講ずる措置の概要、勤務体制・形態一覧表、資産状況（貸借対照表・財産目録等）、設備・備品等一覧表、医療法に規定する医療機関として許可を受けたことが分かる証明書等）

（備考）
1．「受付番号」「基準上の必要人数」「基準上の必要定員」欄には、記載しないでください。
2．記入欄が不足する場合は、適宜欄を設けて記載するか又は別葉に記載した書類を添付してください。
3．新設の場合には、「前年度の平均利用者数」欄は推定数を記入してください。
4．「主な掲示事項」欄には、その内容を簡潔に記載してください。
5．「※兼務」欄には、併設施設との兼務を行う職員について記載してください。

7 生活介護の指定基準と申請手続き

生活全般の支援を行うため多職種の配置が必要となる

◉ 事業を始めるためには基準を満たすことが必要である

　生活介護サービスは、入浴や食事の介護、創作的活動や生産活動の機会の提供を行うことを事業内容としています。

・どのような人員を配置するのか

　生活介護を行う事業所では、一定の人数の医師、看護職員・理学療法士・作業療法士・生活支援員、サービス管理責任者を配置する必要があります。また、事業所ごとに職務に専念する管理者も配置することが義務づけられています。

・どのような設備でなければならないのか

　生活介護を行う事業所には、訓練・作業室、相談室、洗面所、便所、多目的室などを設置する必要があります。

　訓練・作業室には必要な用具をそろえ、洗面所や便所は利用者の特性に応じた機能を備えていなければなりません。

・運営上の注意点は

　生活介護を行う事業者は、生活介護のサービスを提供した際、利用者から生活介護に関する利用者負担額の支払を受けることができます。利用者に対して食事を提供する場合には、その内容や費用に関して説明を行い、利用者の同意を得る必要があります。

　創作的活動や生産活動の機会を提供する場合は、能率を向上させるために、利用者の特性などをふまえた工夫をしなければなりません。また、作業時間や作業量が利用者の過度な負担にならないように配慮する必要があります。

● どんな書類を提出するのか

　事業を始めるためには、以下の書類を提出します。添付書類の中には、申請の形態によっては提出が不要な場合もあります。

　また、利用日数について特例の適用を受けるための届出書の提出が必要な場合もあるため、あらかじめ確認することが必要です。

　以下の申請書類とともに、事業開始届（事業計画書及び収支予算書を添付）を提出することになります。

【申請書】

・指定申請書（151ページ）

・指定に係る記載事項（152ページ）

　なお、生活介護のサービスを提供する事業者が受け取る報酬について加算の要件を満たす場合には、介護給付費等算定に係る体制等に関する届出書などの添付が必要になります。

■ 生活介護の指定基準の概要 ……………………………………………

人員基準		
サービス管理責任者	利用者が60人以下	1人以上
	利用者が60人を超える	1人に、利用者が60人を超えてからさらに40人増えるごとに1人追加
サービス提供職員	医師	嘱託医でも可
	看護職員	総数は、障害支援区分に応じて利用者数の 1/6 〜 1/3 以上必要(生活支援員の 1 人は常勤)
	理学療法士あるいは作業療法士	
	生活支援員	
設備基準		
必要な設備	訓練・作業室	広さと設備の確保が必要
	洗面設備	利用者の特性に応じたもの
	便所	利用者の特性に応じたもの
	相談室	室内における談話の漏えいを防ぐための間仕切りを設ける
	多目的室	利用者の特性に応じたもの

第3章　障害福祉サービス事業の申請手続きと書式　**149**

【添付書類】

- ・申請者の定款、寄付行為等・登記事項証明書または条例等
- ・平面図・設備・備品等一覧表、建物面積表
- ・土地・建物登記簿または賃貸借契約書
- ・管理者・サービス管理責任者の経歴書、資格証明書等
- ・実務経験証明書・実務経験見込証明書
- ・サービス管理責任者研修・相談支援従事者初任者研修修了証
- ・運営規程
- ・利用者からの苦情を解決するために講じる措置の概要
- ・主な対象者を特定する理由書
- ・協力医療機関リスト・協力医療機関との契約の内容がわかる書類
- ・申請に関する事業についての資産の状況（貸借対照表、財産目録など）
- ・就業規則
- ・指定を受けられない事由がないことに関する誓約書・役員等名簿

◉ 書式作成上の注意点

　指定申請書、指定に係る記載事項の書式を作成する際には以下の点に留意します。

書式5　指定申請書（生活介護）

　「指定障害福祉サービス」の欄には「生活介護」と記入し、事業を開始する予定年月日を記載します。また、都道府県においてすでに事業所としての指定を受け、番号が付番されている場合にはその事業所番号を記載します。押印欄には、法人の代表者印を押印します。

書式6　指定に係る記載事項（生活介護）

　事業開始時の新規申請の場合、前年度の平均実利用者数の欄は推定数を記載します。管理者が他の事業所についても兼務している場合には、「他の事業所または施設の従業者との兼務（兼務の場合記入）」欄に、事業所等の名称、兼務する職種及び勤務時間などを記載します。

書式5 指定申請書（生活介護）

第1号様式（第2条関係）

		受付番号	

指定障害福祉サービス事業者
指定障害者支援施設　指定（更新）申請書　　2019年 3月 1日
指定一般相談支援事業者

東京都知事　殿

所在地　東京都渋谷区○○町○-○
申請者
（設置者）名　称　社会福祉法人○○会
代表者の氏名　甲野 乙男　㊞（代表者印）

障害者の日常生活及び社会生活を総合的に支援するための法律に規定する事業所（施設）に係る指定（更新）を受けたいので、下記のとおり、関係書類を添えて申請します。

記

申請者（設置者）	フリガナ	シャカイフクシホウジン ○○カイ			
	名　　称	社会福祉法人 ○○会			
	主たる事務所の所在地	（郵便番号）○○○-○○○○　東京 ㊡府県　渋谷 郡・市㊡　○○ ㊡村　○-○			
	法人の種別	社会福祉法人	法人所轄庁	東京都	
	連絡先電話番号	03-○○○○-○○○○	FAX番号	03-○○○○-○○○○	
	代表者の職・氏名	職　名　理事長	フリガナ　コウノ オツオ　氏　名　甲野 乙男		
	代表者の住所	（郵便番号）○○○-○○○○　東京 ㊡府県　大田 郡・市㊡　○○ ㊡村　○-○			
指定（更新）を受けようとする事業所・施設の種類	フリガナ	セイカツカイゴジギョウショ ○○○○			
	名　　称	生活介護事業所 ○○○○			
	事業所（施設）の所在地	（郵便番号）○○○-○○○○　東京都 新宿 郡・市㊡　○○ ㊡村　○-○			
	上記事業所において行う事業等の種類	指定（更新）申請をする事業等の事業開始（予定）年月日	様　式	現に受けている指定の有効期間満了日（更新申請時に限る。）	備考
	指定障害福祉サービス　生活介護	2019年5月1日	付表3		
	指定障害者支援施設				
	指定一般相談支援				
	事業所番号	障害者の日常生活及び社会生活を総合的に支援するための法律において既に指定を受けている場合		サービスの種類	

備考
1　「受付番号」欄には記載しないでください。
2　「法人の種別」欄には、申請者が法人である場合に、「社会福祉法人」「医療法人」「一般社団法人」「一般財団法人」「株式会社」等の別を記載してください。
3　「法人所轄庁」欄には、申請者が認可法人である場合に、その主務官庁の名称を記載してください。
4　「上記事業所において行う事業等の種類」欄には、今回申請するものについて事業の種類を記載してください。
5　「事業所番号」欄には、東京都において既に事業所としての指定を受け、番号が付番されている場合に、その事業所番号を記載してください。
複数の番号を有する場合及び他の法律において既に指定を受けている場合は、別紙にその全てを記載してください。
6　申請する事業所・施設の事業等の種類に応じて付表等を添付してください。

（日本工業規格A列4番）

書式6 指定に係る記載事項(生活介護)

第3号様式
付表3 生活介護事業所の指定に係る記載事項

※1 従たる事業所のある場合は、付表3-2を併せて提出してください。
※2 多機能型事業実施時は、各事業の付表と付表13を併せて提出してください。

受付番号

施設	フリガナ	セイカツカイゴジギョウショ○○○○										
	名称	生活介護事業所 ○○○○										
	所在地	(郵便番号 ○○○-○○○○) 東京都 新宿区○○町○-○										
	連絡先	電話番号 03-○○○○-○○○○ FAX番号 03-○○○○-○○○○										
管理者	フリガナ	ヘイヤマ イチロウ	住所	(郵便番号 ○○○-○○○○) 東京都新宿区○○町○-○								
	氏名	丙山 一郎										
	当該生活介護事業所で兼務する他の職種(兼務の場合のみ記入)												
他の事業所又は施設の従業者との兼務(兼務の場合記入)	事業所等の名称											
	兼務する職種及び勤務時間等											
実施主体が地方公共団体である場合は、当該事業の実施について定められた条例等	第 条第 項第 号												
サービス管理責任者	フリガナ	スズキ ハナコ	住所	(郵便番号 ○○○-○○○○) 東京都北区○○町○-○								
	氏名	鈴木 花子										

従業者の職種・員数		医師		サービス管理責任者		看護職員		理学療法士		作業療法士	
		専従	※兼務	専従	※兼務	専従	※兼務	専従	※兼務	専従	※兼務
従業者数	常勤(人)	1		2							
	非常勤(人)					2		2		2	
常勤換算後の人数(人)						0.5		0.5		0.5	
基準上の必要人数(人)											

従業者の職種・員数		機能訓練指導員		生活支援員		精神保健福祉士		その他の従業者	
		専従	※兼務	専従	※兼務	専従	※兼務	専従	※兼務
従業者数	常勤(人)			7					
	非常勤(人)								
常勤換算後の人数(人)				7					
基準上の必要人数(人)									

前年度の平均実利用者数(人)	施設が申告する障害支援区分の平均値		
	サービス単位	4未満	4以上5未満	5以上
	サービス単位1		15	
	サービス単位2			
	サービス単位3			

主な掲示事項	運営規程等
営業日	単位ごとの営業日 月曜日から金曜日(ただし祝日、12月30日から1月3日を除く)
営業時間	単位ごとのサービス提供時間(送迎時間を除く) ① 9:00~16:00 ② : ~ :
主たる対象者	特定無し ○ / 細分無し / 身体障害者: 肢体不自由 視覚障害 聴覚・言語 内部障害 知的障害者 精神障害者 難病等対象者
利用定員	20 人(単位ごとの定員)(① ②)
基準上の必要定員	
多機能型実施の有無	有・無
利用料	別添の運営規程のとおり
その他の費用	別添の運営規程のとおり
その他参考となる事項	第三者評価の実施状況 している・していない 苦情解決の措置概要 窓口(連絡先) 管理者 担当者 丙山 一郎 その他
協力医療機関	名称 ○○病院 主な診療科名 内科、外科
一体的に管理運営する他の事業所	
添付書類	別添のとおり(登記簿謄本又は条例等、事業所平面図、経歴書、運営規程、利用者からの苦情を解決するために講ずる措置の概要、勤務体制・形態一覧表、設備・備品等一覧表、協力医療機関との契約内容がわかるもの)

(備考)
1.「受付番号」「基準上の必要人数」「基準上の必要値」「基準上の必要定員」欄には、記載しないでください。
2. 記入欄が不足する場合は、適宜欄を設けて記載するか又は別葉に記載した書類を添付してください。
3.「看護職員」とは保健師、看護師、准看護師のことを言います。
4. 新設の場合には、「前年度の平均利用者数」欄は推定数を記入してください。
5.「主な掲示事項」欄には、その内容を簡潔に記載してください。
6.「※兼務」欄は、施設入所支援事業以外との兼務を行う職員について記載してください。
7.「その他の費用」欄には、入所者に直接金銭の負担を求める場合のサービス内容について記載してください。
8. 共生型生活介護の申請の場合は、以下の書類の提出を省略できます。
(1)登記事項証明書又は条例等、(2)事業所平面図、(3)管理者及びサービス管理責任者の氏名、生年月日、住所及び経歴
(4)利用者からの苦情を解決するために講ずる措置の概要

(日本工業規格A列4番)

8 短期入所サービスの指定基準と申請手続き

障害者支援施設などの併設型か単独型かに留意する

● 事業を始めるためには基準を満たすことが必要である

短期入所サービス事業は、障害者支援施設などに短期間の入所をさせ、利用者の身体の状況に応じて入浴、排せつ、食事の介護を行うことなどをサービスの内容としています。短期入所サービスには医療サービスの有無により医療型と福祉型に分けられます。

短期入所の利用者数は、本体の障害者支援施設等の利用者数に含め、利用者数に応じて必要な職種や人員が定められています。併設型、空床型、単独型の設置状況により人員基準が異なるので注意が必要です。

短期入所サービス事業を行う場合の利用者の居室は、一部屋の定員は4人以下で、利用者一人あたりの床面積を8㎡確保し、ブザーなどの設備を設ける必要があります。また、食堂、浴室、便所、洗面所などの設置も必要です（次ページ図）。

● 運営上の注意点は

短期入所サービスを行う事業者は、介護を行う者の病気などが原因で居宅での介護を受けることが一時的に困難に利用者を対象に、短期入所サービスを提供します。

短期入所サービスを提供する事業者は、規定された数以上の利用者に対して同時に短期入所サービスを提供することはできません。ただし、災害などのやむを得ない事情がある場合は、規定の人数以上の者に対してサービスを提供できます。

第3章　障害福祉サービス事業の申請手続きと書式　**153**

● どんな書類を提出するのか

　事業を始めるためには、以下の書類を提出します。添付書類の中には、申請の形態によっては提出が不要なものもあります。また、以下の申請書類とともに、事業開始届（事業計画書及び収支予算書を添付）を提出することになります。

・指定申請書（156ページ）
・指定に係る記載事項（福祉型または医療型、157ページ）

　なお、短期入所のサービスを提供する事業者が受け取る報酬について加算の要件を満たす場合には、重度障害者支援加算に関する届出書及び研修修了証の写しなどの添付が必要になります。

【添付書類】
・実施主体が地方公共団体である場合に、事業実施に関する条例など
・登記事項証明書（法人登記）
・建物の構造概要・平面図、設備の概要（申請に関する事業を併設事業所において行う場合は当該施設を含む）

■ 短期入所の指定基準の概要 ……………………………………………

人員基準	管理者	常勤の管理者を配置する
設備基準	従業者	事業所が併設型・空床型か、単独型かどうかに応じて配置が異なる
	居室	定員4人以下
		一人当たり8㎡以上の広さを確保する
		地階に設けてはならない
		寝台・ブザーあるいはこれらに代わる設備
	食堂	広さを確保し備品を設置する
	浴室	利用者の特性に応じたもの
	洗面設備	居室の階ごとに設ける・利用者の特性に応じたもの
	便所	居室の階ごとに設ける・利用者の特性に応じたもの

・建物登記（自己所有の場合）または賃貸借契約書（賃貸借の場合）

・事業所の管理者の雇用契約書・経歴書

・勤務形態一覧表（職員配置状況確認調査表）

・運営規程

・主な対象者を特定する理由書

・利用者からの苦情を解決するために講じる措置の概要

・協力医療機関の名称・診療科名、協力医療機関との契約の内容

・指定を受けられない事由がないことに関する誓約書・役員等名簿

・就業規則

◉ 書式作成上の注意点

　指定申請書、指定に係る記載事項の書式を作成する際には以下の点に留意します。

書式7　指定申請書（短期入所）

　「指定障害福祉サービス」の欄には施設で行う障害福祉サービスの種類を記載します。短期入所を行う場合、「短期入所」と記入し、事業を開始する予定年月日を記載します。また、都道府県においてすでに事業所としての指定を受け、番号が付番されている場合にはその事業所番号を記載します。押印欄には、法人の代表者印を押印します。

書式8　指定に係る記載事項（短期入所、福祉型）

　本書では福祉型の短期入所を運営する場合に提出する書式を掲載します。従業者の職種・員数（人）については、基準を満たすように、サービス管理責任者、医師、看護職員（保健師、看護師、准看護師）などの人数を記載します。また、勤務形態一覧表の記載と合致するように記入しなければなりません。

　「事業所の種別」欄については、併設施設の状況により、併設型、空床型、単独型のいずれかを記載します。

第3章　障害福祉サービス事業の申請手続きと書式　**155**

書式7　指定申請書（短期入所）

別記
第1号様式（第2条関係）

		受付番号	

指定障害福祉サービス事業者
指定障害者支援施設　指定（更新）申請書　　2019 年 3 月 1 日
指定一般相談支援事業者

東京都知事　殿

所在地　東京都渋谷区○○町○－○
申請者
（設置者）　名　称　社会福祉法人　○○○○
代表者の氏名　甲野　乙男　㊞（代表者印）

障害者の日常生活及び社会生活を総合的に支援するための法律に規定する事業所（施設）に係る指定（更新）を受けたいので、
下記のとおり、関係書類を添えて申請します。

記

<table>
<tr><td rowspan="6">申請者（設置者）</td><td>フ　リ　ガ　ナ</td><td colspan="4">シャカイフクシホウジン○○○○</td></tr>
<tr><td>名　　　　　称</td><td colspan="4">社会福祉法人　○○○○</td></tr>
<tr><td>主たる事務所の所在地</td><td colspan="4">（郵便番号　　○○○ － ○○○○　　）
東京都・道・府・県　渋谷　郡・市・区・町・村　○○　○－○</td></tr>
<tr><td>法 人 の 種 別</td><td>社会福祉法人</td><td>法人所轄庁</td><td colspan="2">東京都</td></tr>
<tr><td>連絡先電話番号</td><td>03－○○○○－○○○○</td><td>ＦＡＸ番号</td><td colspan="2">03－○○○○－○○○○</td></tr>
<tr><td>代表者の職・氏名</td><td>職　名　　理事長</td><td>フリガナ
氏　名</td><td colspan="2">コウノ　オツオ
甲野　乙男</td></tr>
<tr><td></td><td>代 表 者 の 住 所</td><td colspan="4">（郵便番号　　○○○ － ○○○○　　）
東京都・道・府・県　大田　郡・市・区・町・村　○○　○－○</td></tr>
</table>

（以下、指定（更新）を受けようとする事業所・施設の種類）

フ　リ　ガ　ナ	タンキニュウショシセツ　○○○○
名　　　称	短期入所施設　○○○○
事業所（施設）の所在地	（郵便番号　　○○○ － ○○○○　　） 東京都・道・府・県　新宿　郡・市・区・町・村　○○　○－○

上記事業所において行う事業等の種類	指定（更新）申請をする事業等の事業開始（予定）年月日	様式	現に受けている指定の有効期間満了日（更新申請時に限る。）	備考
指定障害福祉サービス　　短期入所	2019 年 5 月 1 日	付表5		
指定障害者支援施設				
指定相談支援				

事業所番号	障害者の日常生活及び社会生活を総合的に支援するための法律において既に指定を受けている場合	サービスの種類

備考
1　「受付番号」欄には記載しないでください。
2　「法人の種別」欄には、申請者が法人である場合に、「社会福祉法人」「医療法人」「一般社団法人」「一般財団法人」「株式会社」等の別を記載してください。
3　「法人所轄庁」欄には、申請者が認可法人である場合に、その主務官庁の名称を記載してください。
4　「上記事業所において行う事業等の種類」欄には、今回申請するものについて事業の種類を記載してください。
5　「事業所番号」欄には、東京都において既に事業者としての指定を受け、番号が付番されている場合に、その事業所番号を記載してください。
　　複数の番号を有する場合及び他の法律において既に指定を受けている場合は、別紙にその全てを記載してください。
6　申請する事業所・施設の事業等の種類に応じて付表等を添付してください。

（日本工業規格Ａ列4番）

書式8 指定に係る記載事項（短期入所、福祉型）

付表5 短期入所事業所の指定に係る記載事項（福祉型）

受付番号

事業所	フリガナ	タンキニュウショシセツ〇〇〇〇			
	名称	短期入所施設　〇〇〇〇			
	所在地	（郵便番号〇〇〇-〇〇〇〇） 東京都　新宿区〇〇町〇-〇			
	連絡先	電話番号　03-〇〇〇〇-〇〇〇〇		FAX番号	03-〇〇〇〇-〇〇〇〇

管理者	フリガナ	ヘイヤマ　イチロウ	住所	（郵便番号〇〇〇-〇〇〇〇） 東京都新宿区〇〇町〇-〇
	氏名	丙山　一郎		
	同一敷地内の他の事業所又は施設の従業者との兼務（兼務の場合記入）	事業所等の名称		
		兼務する職種及び勤務時間等		

事業所の種別	併設型・空床型・単独型	併設型・単独型の場合	利用定員数（人）	8人
			前年度の平均入所者数（人）	5人

併設（本体）施設	名称	短期入所施設〇〇		
	施設種別等	障害者支援施設	併設（本体）施設の入所者の定員（人）	40人

単独型事業所の居室　1室の最大定員（人）　　　入所者1人あたりの最小床面積　　㎡

従業者の職種・員数（人）	サービス管理責任者	医師	看護職員				心理判定員
			合計	保健師	看護師	准看護師	
	専従 ※兼務	専従 ※兼務	専従 ※兼務	専従 ※兼務	専従 ※兼務	専従 ※兼務	専従 ※兼務
従業者数	常勤（人）						5
	非常勤（人）						8
常勤換算後の人数（人）							5.8
基準上の必要人数（人）							

	職能判定員	理学療法士等				あん摩マッサージ指圧師	生活支援員
		合計	理学療法士	作業療法士	機能訓練指導員		
	専従 ※兼務	専従 ※兼務	専従 ※兼務	専従 ※兼務	専従 ※兼務	専従 ※兼務	専従 ※兼務
従業者数	常勤（人）						
	非常勤（人）						
常勤換算後の人数（人）							
基準上の必要人数（人）							

	職業指導員	就労支援員	介護職員	児童指導員	保育士	精神保健福祉士	その他の従業者
	専従 ※兼務	専従 ※兼務	専従 ※兼務	専従 ※兼務	専従 ※兼務	専従 ※兼務	専従 ※兼務
従業者数	常勤（人）						
	非常勤（人）						
常勤換算後の人数（人）							
基準上の必要人数（人）							

実施主体が地方公共団体である場合は、当該事業の実施について定めてある条例等　　第　　条　第　　項　第　　号

主な掲示事項			
主たる対象者	特定無し・身体障害者・知的障害者・障害児・精神障害者・難病等対象者		
利用料	厚生労働大臣が定める基準による		
その他の費用	運営規程に基づく費用		
通常の送迎の実施地域			
その他参考となる事項	第三者評価の実施状況	している・していない	
	苦情解決の措置概要	窓口（連絡先）　管理者	担当者　丙山　一郎
	その他		
協力医療機関	名称	〇〇病院	主な診療科名　内科、外科
添付書類	別添のとおり（登記簿謄本又は条例等、建物の構造概要及び平面図、経歴書、運営規程、利用者からの苦情を解決するために講ずる措置の概要、勤務体制・形態一覧表、設備・備品等一覧表、協力医療機関との契約の内容がわかるもの）		

(備考)
1.「受付番号」「基準上の必要人数」欄には、記載しないでください。
2. 記入欄が不足する場合は、適宜欄を設けて記載するか又は別葉に記載した書類を添付してください。
3. 新設の場合には、「前年度の平均入所者数」欄は推定数を記入してください。
4.「主な掲示事項」欄には、その内容を簡潔に記載してください。
5.「※兼務」欄には、本体施設との兼務を行う職員について記載してください。
6.「その他の費用」欄には、利用者に直接金銭の負担を求める場合のサービス内容について記載してください。
7.「通常の送迎の実施地域」については、市区町村名を記載することし、当該区域の全部又は一部の別を記載してください。
　なお、一部の地域が実施地域である場合は適宜地図を添付してください。
8. 共生型事業所の申請の場合、以下の書類を提出を省略することができます。
　（1）登記事項証明書又は条例等　（2）事業所の平面図及び概要　（3）管理者の氏名、生年月日、住所及び経歴
　（4）利用者からの苦情を解決するために講ずる措置の概要　（5）協力医療機関との契約の内容がわかるもの

第3章　障害福祉サービス事業の申請手続きと書式

9 重度障害者等包括支援の指定基準と申請手続き

利用者の連絡に随時対応可能な体制を整える

◉ 事業を始めるためには基準を満たすことが必要である

重度障害者等包括支援に関するサービス事業は、常に介護を必要としている者であって、介護の必要性が著しく高い者が自立した生活を送ることができるよう包括的な幅広い援助を行うことを内容としています。

◉ どのような人員を配置するのか

重度障害者等包括支援サービスを提供する事業者は、事業所ごとにサービス提供責任者を一人配置することが必要です。このサービス提供責任者のうちの一人は、専任かつ常勤でなければなりません。

◉ どのような設備でなければならないのか

重度障害者等包括支援サービスを提供する事業所には、事業の運営に必要な広さを有する専用の区画を設け、必要な設備や備品を備える必要があります。

◉ 運営上の注意点は

重度障害者等包括支援サービスを提供する事業者には、利用者からの連絡に随時対応できる体制を整備しておくことが義務づけられています。サービスを提供する際には、利用者の状況に応じて支援を行い、サービスの内容が画一的にならないように配慮する必要があります。事業の目的や事業を実施する地域、緊急時における対応方法などを定めた運営規定を作成することも必要です。

● どんな書類を提出するのか

　事業を始めるためには、以下の書類を提出します。添付書類の中には、申請の形態によっては提出が不要なものもあります。以下の申請書類とともに、事業開始届（事業計画書及び収支予算書を添付）を提出することになります。

　申請書に関して、記載する住所は、登記事項証明書に記載されているとおりに記載する必要があります。また、事業所（施設）の住所は、ビル名や部屋番号などがある場合には、それらについても記入しなければならず、省略することはできませんので注意が必要です。指定に係る記載事項の記入に関しても、居宅介護などの場合と同様に、記載事項については、できるだけ具体的に記入することが必要です。利用料について、運営規程で詳細に定めを置いている場合には、「運営規程に定めるとおり」と記入することも可能です。

【申請書】
・指定申請書（161ページ）
・指定に係る記載事項（162ページ）

【添付書類】
・実施主体が地方公共団体である場合に、事業実施に関する条例など
・登記事項証明書
・事業所の平面図・写真
・事業所の管理者・サービス提供責任者の経歴書（資格証明書を添付）
・実務経験証明書
・運営規程
・主な対象者を特定する理由書
・利用者からの苦情を解決するために講じる措置の概要
・申請に関する事業についての従事者の勤務の体制・勤務形態一覧表
・就業規則
・指定を受けられない事由がないことに関する誓約書・役員等名簿

第3章　障害福祉サービス事業の申請手続きと書式　**159**

● 書式作成上の注意点

指定申請書、指定に係る記載事項の書式を作成する際には以下の点に留意します。

書式9　指定申請書（重度障害者等包括支援）

指定申請書の提出年月日を記載の上で、申請者については、所在地・施設の名称・代表者の職名・氏名を記載します。押印欄には、法人の代表者印を押印します。

「法人所轄庁」の記載欄については、記載例9では社会福祉法人の所轄庁として「大阪府」と記載していますが、申請する法人の設立の許認可を与えた行政庁に合わせて記載する必要があります。

「指定を受けようとする事業所の概要」欄について、「指定申請をする事業」の中から、「重度障害者等包括支援」の欄に「○」印を記載して、事業開始予定年月日を記載します。

また、書式9では障害者支援法に基づく、重度障害者等包括支援以外のサービスを行う想定の書式にはなっていませんが、他の法律に基づき指定を受けているサービスがある場合には、「他法におけるサービス」欄に記載するとともに、そのサービスに事業所番号が付けられている場合には、忘れずに「事業所番号」欄に記載しましょう。

書式10　指定に係る記載事項（重度障害者等包括支援）

「事業所」欄は、指定を受けようとする事業所の名称を記載します。申請書に記載した施設名と同一の場合も、記載の省略はできません。

重度障害者等包括支援事業の人員配置に関する指定基準として、1人以上のサービス提供責任者の配置が必要です。そのため、「管理者」欄に管理者の氏名などを記載するとともに、必ず「サービス提供責任者」欄に必要事項を記載する必要があります。サービス提供責任者は、相談支援専門員の資格を持っていることが必須ですが、その他に保有している資格について、「資格」欄に記載する必要があります。

✎ 書式9　指定申請書（重度障害者等包括支援）

様式第１号（第２条関係）

指定障がい福祉サービス事業者
指定障がい者支援施設　　指定申請書
指定一般相談支援事業者

2019 年　3 月　1 日

（宛先）高槻市長

申請者 （設置者）	主たる事務所 の所在地	：大阪府高槻市○○町○番○号
	名　　称	：社会福祉法人○○○○
	代表者の職・氏名	：理事長　甲野　乙男　（代表者印）

障害者の日常生活及び社会生活を総合的に支援するための法律（障害者総合支援法）

第３６条第１項
第３８条第１項　の規定により
第５１条の19第１項

指定障がい福祉サービス事業者
指定障がい者支援施設　　の指定を受けたいので、
指定一般相談支援事業者

関係書類を添えて申請します。

申請者 （設置者）	名　称	（フリガナ）シャカイフクシホウジン ○○○○ 社会福祉法人　　○○○○		
	主たる事務所の 所在地	郵便番号（○○○-○○○○） 大阪 府道都県　高槻 郡市　○○区○番○号		
	連絡先	電話番号　072-○○○-○○○○	FAX番号　072-○○○-○○○○	
	法人の種別	社会福祉法人	法人所轄庁	大阪府
	代表者の 職・氏名	職　名　理事長	（フリガナ）コウノ　オツオ 氏　名　甲野　乙男	
	代表者の住所	郵便番号（○○○-○○○○） 大阪 府道都県　大阪 郡市　○○区○－○		
	事業所（施設） の名称	（フリガナ）○○ショウガイフクシサービスセンター ○○障害福祉サービスセンター		
	事業所（施設） の所在地	郵便番号（○○○-○○○○） 大阪府高槻市　○○区○○町○番○号		

指定を受けようとする事業所・施設の種類	指　定　申　請　を　す　る　事　業				既に指定を受けている事業等		備考
	事業の種類		事業開始予定年月日	添付する付表		事業所番号及び年月日	
	居　宅　介　護		年　月　日	付表１		別紙のとおり	
	重度訪問介護		年　月　日	付表１		別紙のとおり	
	同　行　援　護		年　月　日	付表１		別紙のとおり	
	行　動　援　護		年　月　日	付表１		別紙のとおり	
	療　養　介　護		年　月　日	付表３		別紙のとおり	
	生　活　介　護		年　月　日	付表４		別紙のとおり	
	短　期　入　所		年　月　日	付表４		別紙のとおり	
	重度障がい者等包括支援 ○		2019 年 5 月 1 日	付表５		別紙のとおり	
	障がい者支援施設		年　月　日	付表６、付表６の２、付表６の３		別紙のとおり	
	自立訓練	機　能　訓　練	年　月　日	付表７		別紙のとおり	
		生　活　訓　練	年　月　日	付表８		別紙のとおり	
		宿　泊　型	年　月　日	付表９		別紙のとおり	
	就労移行支援	一　般　型	年　月　日	付表１０		別紙のとおり	
		養　成　施　設	年　月　日	付表１０		別紙のとおり	
	就労継続支援	A　　型	年　月　日	付表１１		別紙のとおり	
		B　　型	年　月　日	付表１１		別紙のとおり	
	共　同　生　活　援　助		年　月　日	付表１２、付表１２の２、付表１２の３		別紙のとおり	
	多　機　能　型		年　月　日	付表１３		別紙のとおり	
	一般相談支援	地域移行支援	年　月　日	付表１４		別紙のとおり	
		地域定着支援	年　月　日	付表１４		別紙のとおり	
	特　定　相　談　支　援		年　月　日	付表１５		別紙のとおり	
	就　労　定　着　支　援		年　月　日	付表１６、付表１６別紙		別紙のとおり	
	自　立　生　活　援　助		年　月　日	付表１７		別紙のとおり	
他法における サービス	サービス名				事業所番号		

備考

1　「法人の種別」の欄には、「社会福祉法人」、「医療法人」、「社団法人」、「財団法人」、「株式会社」等の別を記入してください。

2　「法人所轄庁」の欄には、申請者が行政庁（大臣、都道府県知事、市長等）の許認可等を受けて設立された法人である場合に、その行政庁の名称を記入してください。

3　共同生活援助の申請を行う場合は、「事業所（施設）の名称」「事業所（施設）の所在地」とあるのは、「主たる事業所の名称」「主たる事業所の所在地」とそれぞれ読み替えてください。

4　「指定申請をする事業」の欄は、以下の要領で記入してください。
　　(1)今回申請をするものについて、該当する欄に「○」を記入してください。
　　(2)多機能型の場合は、上記(1)に加えて「多機能型」に「◎」を記入してください。
　　(3)従たる事業を設置する場合は、主たる事業所及び従たる事業所のそれぞれにおいて実施する事業に「○」を記入し、「備考」欄に「主」又は「従」の別を記入してください。

5　「既に指定を受けている事業等」の欄には、同一所在地において既に事業所としての指定を受け、事業者番号が付されている場合に、該当する欄に「○」を記入し、その事業所番号等を別紙に記入してください。複数の番号を有する場合は、そのすべてを記入してください。

6　法第41条の2の共生型障害福祉サービス事業者の特例により申請を行う場合、介護保険法又は児童福祉法において指定を受けているサービスと、当該指定事業所の事業所番号を記載してください。

書式10　指定に係る記載事項（重度障害者等包括支援）

付表5　重度障がい者等包括支援事業所の指定に係る記載事項

		事業所番号	

事業所	フリガナ	○○ショウガイフクシサービスセンター
	名　称	○○障がい福祉サービスセンター
	所在地	郵便番号（○○○-○○○○） 大阪府高槻市○○町○番○号
	連絡先	電話番号　072－○○○○－○○○○　FAX番号　072－○○○○－○○○○ メールアドレス　zyuuhoukatsu@＊＊＊.ne.jp

当該事業の実施について定めている条例等　第　　条第　　項第　　号（　　）

管理者	フリガナ	ヘイヤマ　イチロウ	住所	郵便番号（　　　－　　　） 大阪都道府県　大阪郡市　○○区○○町○-○		
	氏　名	丙山　一郎				
	他の職務との兼務の有無及び職種	有・無	職種			
	他の事業所又は施設を兼務する場合、当該兼務する事業所又は施設の名称等	名　称	1) 2)			
		サービス種類	1)　　　　　3) 2)　　　　　4)			
		職　種	1)　　　　　3) 2)　　　　　4)			
		勤務時間	：　～　：　（実働　　時間　　分）			

サービス提供責任者	1	フリガナ	スズキ　ハナコ	住所	郵便番号（　　　－　　　） 大阪都道府県　大阪郡市　○○区○○町○-○	資格	看護師
		氏　名	鈴木　花子				
	2	フリガナ		住所	郵便番号（　　　－　　　） 　　都道府県　　郡市	資格	
		氏　名					
	3	フリガナ		住所	郵便番号（　　　－　　　） 　　都道府県　　郡市	資格	
		氏　名					

事業所の体制	他に指定を受けている障がい福祉サービス等	サービス種類	事業所名	事業所番号
	委託による提携事業所	サービス種類	事業所名	事業所番号
	協力医療機関	名　称　○○病院　　主な診療科名　内科、外科		
	利用者からの連絡対応体制の概要	営業時間外の緊急時には、管理者の携帯電話に転送する		

主な掲示事項	利用者数	8　人			
	サービスを提供する主たる対象者	Ⅰ類型　　　Ⅱ類型　　　Ⅲ類型			
	利用料	法定代理受領分：厚生労働大臣が定める基準の10/100、法定代理受領分以外：厚生労働大臣が定める基準			
	その他の費用	運営規程に定めるとおり			
	通常の事業の実施地域	1)高槻市　2)大阪市　3)　　4)　　5) 6)　　（　　）　　9)　　10)			備考
	その他参考事項	第三者評価の実施状況	している　（実施先：　　　　　　　　　　）・していない		
		苦情解決の措置概要	窓口　○○障がい福祉サービスセンター 担当者　丙山　一郎　　電話　072－○○○○－○○○○		
		その他			
	添付書類	別紙「添付書類一覧表」のとおり			

10 共同生活援助の指定基準と申請手続き

共同生活を支援する世話人などを配置する

◉ 共同生活援助の指定基準

共同生活援助のサービスは、利用者が地域の中で共同して自立した生活ができるよう、共同生活住居での援助を行うことを事業内容としています。

共同生活援助のサービスを提供する事業所には、世話人や管理者、サービス管理責任者を配置します（165ページ図）。この世話人やサービス管理責任者は、事業所での職務に専従する必要があります。また、生活支援員を配置する必要があります。生活支援員は、共同生活住居の利用者の食事、入浴、排せつなどに必要な介護や支援を担当します。

共同生活援助のための住居は、利用者の家族や地域住民との交流の機会が確保される地域にあり、病院など施設の敷地外にあるようにしなければなりません。

調理、洗濯などの家事は、原則として利用者と従業員が共同して行います。また、共同生活援助サービスを提供する事業者は、利用者に対し、適切なサービスを提供できるよう、事業所ごとに従業員の勤務の体制を定めておく必要があります。さらに、事業者は、従業員の資質を向上させるために、研修の機会を確保します。

◉ どんな書類を提出するのか

事業を始めるためには、以下の書類を提出します。添付書類の中には、申請の形態によっては提出が不要なものもあります。なお、以下の申請書類とともに、事業開始届（事業計画書及び収支予算書を添付）を提出することになります。

第3章　障害福祉サービス事業の申請手続きと書式　**163**

・指定申請書（166ページ）
・指定に係る記載事項（167ページ）

【添付書類】

・申請者の定款、寄付行為等・登記事項証明書または条例等
・建物の構造概要・平面図、設備の概要
・登記事項（全部）証明書など所有権が確認できる書類
・賃貸借契約書の写し（賃貸物件を使用する場合のみ）
・受託居宅介護委託契約書の写し（外部サービス利用型事業所のみ）
・事業所の管理者、サービス管理責任者の雇用契約書など、経歴書
・サービス管理責任者研修・相談支援従事者初任者研修修了証
・実務経験証明書・実務経験見込証明書・資格証明書の写し
・事業所の世話人、生活支援員の雇用契約書など、経歴書
・勤務体制表（職員配置状況調査表）
・運営規程
・利用者からの苦情を解決するために講じる措置の概要
・主な対象者を特定する理由書
・協力医療機関の名称・診療科名、協力医療機関との契約の内容
・指定を受けられない事由がないことに関する誓約書・役員等名簿
・申請に関する事業についての資産の状況（貸借対照表、財産目録等）
・就業規則
・協議会等への報告・協議会からの評価等に関する措置の概要
・その他（共同生活援助事業所における耐震化に関する調査票など）

　なお、サービスを提供する事業者が受け取る報酬について加算の要件を満たす場合は、別途、必要な書類を提出する必要があります。

● 書式作成上の注意点

　指定申請書、指定に係る記載事項の書式を作成する際には以下の点に留意します。

書式11　指定申請書（共同生活援助）

　「指定障害福祉サービス」の欄には「共同生活援助」と記載し、事業を開始する予定年月日を記載します。また、都道府県においてすでに事業所としての指定を受け、番号が付番されている場合にはその事業所番号を記載します。押印欄には、法人の代表者印を押印します。

書式12　指定に係る記載事項（共同生活援助）

　「従業者の職種・員数」欄には、人員基準を満たすように世話人、生活支援員、サービス管理責任者の人数を記載します。

■ 共同生活援助の指定基準の概要 ……………………………………

人員基準		
サービス管理責任者	利用者が30人以下	1人以上
	利用者が30人を超える	1人に、利用者が30人を超えてからさらに30人増えるごとに1人を加える
世話人	常勤換算方法で、利用者の数を6で除した数以上	
管理者	1人（常勤）	
生活支援員	利用者の該当する障害支援区分ごとに必要な人数	
設備基準		
共同生活住居	事業所全体での定員	4人以上
	住居一か所あたりの定員	2人以上10人以下
共同生活住居におけるユニット	最低一つ以上設置する	
	入居定員は2人以上10人以下	
ユニットの中の居室	定員は原則1人	
	面積は7.43㎡以上（収納設備を除く）	
ユニット中の居間・食堂など	一堂に会するのに必要な広さがある利用者の特性に応じたもの	
ユニット中の便所・浴室	利用者の特性に応じたもの	
ユニット中の台所	環境衛生に配慮した設備	
消防設備など	消防法などに規定された設備	

第3章　障害福祉サービス事業の申請手続きと書式　　**165**

書式11 指定申請書（共同生活援助）

別記
第1号様式（第2条関係）

		受付番号	

指定障害福祉サービス事業者
指定障害者支援施設　　　指定（更新）申請書　　2019年 3月 1日
指定一般相談支援事業者

東京都知事　殿

所在地　東京都渋谷区○○町○-○
申請者
（設置者）　名称　社会福祉法人　○○○○
　　　　　　　　　理事長　甲野　乙男　（代表者印）

障害者の日常生活及び社会生活を総合的に支援するための法律に規定する事業所（施設）に係る指定（更新）を受けたいので、下記のとおり、関係書類を添えて申請します。

記

申請者（設置者）	フリガナ	シャカイフクシホウジン ○○○○				
	名称	社会福祉法人 ○○○○				
	主たる事務所の所在地	（郵便番号 ○○○-○○○○）東京 都 渋谷 区 ○○ 町 ○-○				
	法人の種別	社会福祉法人		法人所轄庁		東京都
	連絡先電話番号	03-○○○○-○○○○		FAX番号		03-○○○○-○○○○
	代表者の職・氏名	職名	理事長	フリガナ	コウノ オツオ	
		氏名			甲野 乙男	
	代表者の住所	（郵便番号 ○○○-○○○○）東京 都 大田 区 ○○ 町 ○-○				

指定（更新）を受けようとする事業所・施設の種類	フリガナ	グループホーム ○○○○			
	名称	グループホーム ○○○○			
	事業所（施設）の所在地	（郵便番号 ○○○-○○○○）東京都 新宿 区 ○○ 町 ○-○			
	上記事業所において行う事業等の種類	指定（更新）申請をする事業等の事業開始（予定）年月日	様式	現に受けている指定の有効期間満了日（更新申請時に限る。）	備考
指定障害福祉サービス	共同生活援助	2019年5月1日	付表7		
指定障害者支援施設					
一般相談支援					

事業所番号	障害者の日常生活及び社会生活を総合的に支援するための法律において既に指定を受けている場合	サービスの種類

備考
1　「受付番号」欄には記載しないでください。
2　「法人の種別」欄には、申請者が法人である場合に、「社会福祉法人」「医療法人」「一般社団法人」「一般財団法人」「株式会社」等の別を記載してください。
3　「法人所轄庁」欄には、申請者が認可法人である場合に、その主務官庁の名称を記載してください。
4　「上記事業所において行う事業等の種類」欄には、今回申請するものについて事業の種類を記載してください。
5　「事業所番号」欄には、東京都において既に事業所としての指定を受け、番号が付番されている場合に、その事業所番号を記載してください。
　　複数の番号を有する場合及び他の法律において既に指定を受けている場合は、別紙にその全てを記載してください。
6　申請する事業所・施設の事業等の種類に応じて付表等を添付してください。

（日本工業規格A列4番）

書式12　指定に係る記載事項（共同生活援助）

付表7　共同生活援助事業所（グループホーム）の指定に係る記載事項　その1

※ 指定申請する事業を○で囲んで下さい。

受付番号	

主たる事業所

	フリガナ	グループホーム ○○○○
	名称	グループホーム ○○○○
	所在地	（郵便番号 ○○○ － ○○○○） 東京都　東京都新宿区○○町○－○
	連絡先	電話番号　03-○○○○-○○○○　　FAX番号　03-○○○○-○○○○

管理者

フリガナ	ヘイノ　イチロウ	住所	（郵便番号 ○○○ － ○○○○） 東京都新宿区○○町○－○
氏名	丙野　一郎		
同一敷地内の他の事業所、施設又は医療機関の従業者との兼務（兼務の場合記入）	事業所等の名称		
	兼務する職種及び勤務時間等		

当該事業の実施について定めてある定款・寄付行為等又は条例等	第　条第　項第　号

サービスの提供形態（該当部分に○）	介護サービス包括型　○	生活支援員の兼務の外部委託の予定　有（月　　時間）・(無)
	日中サービス支援型	生活支援員の兼務の外部委託の予定　有（月　　時間）・ 無
	外部サービス利用型	受託居宅介護サービス事業者が事業を行う事業所の名称及び所在地並びに当該事業者の名称及び所在地　　別紙のとおり

当該事業所の利用定員数	15　人

サービス管理責任者	フリガナ	スズキ　ハナコ	住所	（郵便番号 ○○○ － ○○○○） 東京都北区○○町○－○
	氏名	鈴木　花子		

従業者の職種・員数	世話人		生活支援員		サービス管理責任者	
	専従	兼務	専従	兼務	専従	兼務
従業者数　常勤（人）	2	3				2
非常勤（人）			2			
常勤換算後の人数（人）	2.5		0.5			
基準上の必要人数（人）						

居宅介護従業者の外部委託の予定	有　（月　　時間）　(無)

障害者支援施設等との連携体制等	連携施設の種別・名称	障害者支援施設　□□□□
	支援体制の概要	緊急時の対応など

その他参考となる事項	第三者評価の実施状況	している・していない		
	苦情解決の措置概要	窓口（連絡先）　管理者	担当者	丙山　一郎
	その他			

協力医療機関	名称	○○病院	主な診療科名	内科
協力歯科医療機関	名称	□□歯科医院		

添付書類	別添のとおり（定款、寄付行為等及びその登記簿の謄本又は条例等、共同生活住居の構造概要及び平面図、経歴書、運営規程、利用者からの苦情を解決するために講ずる措置の概要、協議会等への報告・協議会からの評価に関する措置の概要、勤務体制・形態一覧表、資産状況（貸借対照表・財産目録等）、設備・備品等一覧表、協力医療機関との契約内容がわかるもの）等

※ 主たる事業所とは、複数の共同生活住居がある場合、当該事業所からいずれの共同生活住居に対して、概ね30分程度で移動可能な範囲にある事業所をいう。

（日本工業規格A列4番）

（付表7）　その2

	フリガナ	グループホーム　○○○○		
	名　称	グループホーム　○○○○		
	所在地	（郵便番号 ○○○ － ○○○○） 東京都　　新宿区○○町○－○		
	連絡先	電話番号 03-○○○○-○○○○	FAX番号	03-○○○○-○○○○

共同生活住居①

グループホームに供する建物形態

①住居区分：（戸建て）アパート、マンション、その他（　　　　　）

②建物所有者名：佐藤　一夫

③賃貸借契約の内容：　ア 敷金　なし　イ 礼金　なし　ウ 家賃（月額）　45,000 円
　　　　エ 契約期間　2019年4月1日～2021年3月31日　オ 賃貸料がない理由

④住居の利用定員数　　10 人

⑤居室数　　10 室（うち個室 10 室）

⑥入居者1人当たりの居室の最小床面積　　　9.5 ㎡

一体的に運営するサテライト型住居　　　　1 か所

一体的に運営するサテライト型住居の利用者から連絡を受ける通信機器　携帯電話

主たる対象者　　（知的障害者）　・　精神障害者　・　身体障害者　・　難病等対象者

利用料　　区長が定める額

その他の費用　1 食材費　○○円　家賃　○○○○円　3 光熱水費　○○○○円　4 用品費　○○○円

	フリガナ	
	名　称	
	所在地	（郵便番号　　　　－　　　） 東京都
	連絡先	電話番号　　　　　　　　FAX番号

共同生活住居②

グループホームに供する建物形態

①住居区分：一戸建て、アパート、マンション、その他（　　　　　）

②建物所有者名：

③賃貸借契約の内容：　ア 敷金　　　イ 礼金　　　ウ 家賃（月額）
　　　　エ 契約期間　　　オ 賃貸料がない理由

④住居の利用定員数　　　　人

⑤居室数　　　室（うち個室　室）

⑥入居者1人当たりの居室の最小床面積　　　　　㎡

一体的に運営するサテライト型住居　　　　　か所

一体的に運営するサテライト型住居の利用者から連絡を受ける通信機器

主たる対象者　　　知的障害者　・　精神障害者　・　身体障害者　・　難病等対象者

利用料

その他の費用

	フリガナ	
	名　称	
	所在地	（郵便番号　　　　－　　　） 東京都
	連絡先	電話番号　　　　　　　　FAX番号

共同生活住居③

グループホームに供する建物形態

①住居区分：一戸建て、アパート、マンション、その他（　　　　　）

②建物所有者名：

③賃貸借契約の内容：　ア 敷金　　　イ 礼金　　　ウ 家賃（月額）
　　　　エ 契約期間　　　オ 賃貸料がない理由

④住居の利用定員数　　　　人

⑤居室数　　　室（うち個室　室）

⑥入居者1人当たりの居室の最小床面積　　　　　㎡

一体的に運営するサテライト型住居　　　　　か所

一体的に運営するサテライト型住居の利用者から連絡を受ける通信機器

主たる対象者　　　知的障害者　・　精神障害者　・　身体障害者　・　難病等対象者

利用料

その他の費用

（日本工業規格A列4番）

11 自立訓練（機能訓練）の指定基準と申請手続き

就労移行支援事業とも連携する

● 事業を始めるためには基準を満たすことが必要である

　自立訓練（機能訓練）を提供する事業は、障害者に対して身体機能や生活能力を向上させるために必要な訓練を行うことを内容としています。身体機能・生活能力の維持・向上のために必要な訓練その他のサービスを提供できるようにしなければなりません。

　自立訓練（機能訓練）を提供する事業者は、看護職員、理学療法士、作業療法士、生活支援員、サービス管理責任者などを事業所ごとに配置する必要があります。また、利用者の自宅を訪問して機能訓練サービスを提供する場合には生活支援員を置かなければなりません。

　サービス管理責任者は、利用者の数が60人以下の場合、1人以上おきます。利用者の数が61人以上の場合、40人またその端数を増すごとに1人増員することが必要です。

　看護職員、生活支援員、サービス管理責任者のうち、1人以上は、常勤でなければなりません。

　自立訓練（機能訓練）を提供する事業所には、訓練・作業室、相談室、洗面所、便所、多目的室などを設ける必要があります。

　この中で、訓練・作業室は十分な広さを確保し、必要な器具を揃えなければなりません。

● 運営上の注意点は

　自立訓練（機能訓練）を行う事業者は、機能訓練を提供した際は、利用者から機能訓練に関する利用者負担額の支払を受けることができます。また、自立訓練（機能訓練）を受けた利用者が地域の中で自立

して生活できるよう、就労移行支援事業を行っている事業者などと連携して、障害者の生活のための調整を行う必要があります。

◉ どんな書類を提出するのか

事業を始めるためには、以下の書類を提出します。添付書類の中には、申請の形態によっては提出が不要なものもあります。また、利用日数について特例の適用を受けるための届出書の提出が必要な場合もあるため、あらかじめ確認することが必要です。

以下の申請書類とともに、事業開始届（事業計画書及び収支予算書を添付）を提出することになります。

【申請書】

・指定申請書（172ページ）

・指定に係る記載事項（173ページ）

なお、サービスを提供する事業者が受け取る報酬について加算の要件を満たす場合には、介護給付費等算定に係る体制等に関する届出書、介護給付費等算定に係る体制等状況一覧表、勤務形態一覧表、福祉専門職員配置等加算に関する届出書、送迎加算に関する届出書などの書類を提出する必要があります。

【添付書類】

・申請者の定款、寄付行為等・登記事項証明書または条例等

・平面図・設備・備品等一覧表

・建物面積表

・土地・建物登記簿または賃貸借契約書の写し

・管理者・サービス管理責任者の経歴書・資格等の証明書の写し

・実務経験証明書・実務経験見込証明書

・サービス管理責任者研修・相談支援従事者初任者研修修了証

・運営規程

・主な対象者を特定する理由書

・利用者からの苦情を解決するために講じる措置の概要
・協力医療機関の名称・診療科名並びに当該協力医療機関との契約の
　内容がわかる書類
・申請に関する事業についての資産の状況（貸借対照表、財産目録など）
・就業規則
・指定を受けられない事由がないことに関する誓約書・役員等名簿

◉ 書式作成上の注意点

　指定申請書、指定に係る記載事項の書式を作成する際には以下の点
に留意します。

書式13　指定申請書（機能訓練）

　指定申請書には届出をする日を記載します。押印欄には、法人の代
表者印を押印します。「指定障害福祉サービス」の欄には施設で行う
障害福祉サービスの種類を記載し事業を開始する予定年月日を記載し
ます。また、都道府県においてすでに事業所としての指定を受け、番
号が付番されている場合にはその事業所番号を記載します。

書式14　指定に係る記載事項（機能訓練）

　事業所で訪問事業を実施する場合には、「訪問事業の実施の有無」
欄の「有」を囲みます。

　新設で前年度の実績がない場合、「前年度の平均利用者数（人）」欄
には、推定数を記入します。

　協力医療機関については、契約などをした医療機関との協力関係を
記載します。

　主な対象者について、「特定なし」と記入する場合には、添付書類
「対象者を特定する理由書」の添付は不要です。

第3章　障害福祉サービス事業の申請手続きと書式　**171**

書式13　指定申請書（機能訓練）

別記
第1号様式（第2条関係）

受付番号

指定障害福祉サービス事業者
指定障害者支援施設　　指定（更新）申請書　　2019 年 3 月 1 日
指定一般相談支援事業者

東京都知事　　殿

所在地　東京都渋谷区○○町○－○

申請者
（設置者）名　称　社会福祉法人　○○○○
代表者の氏名　甲野　乙男　代表者印

障害者の日常生活及び社会生活を総合的に支援するための法律に規定する事業所（施設）に係る指定（更新）を受けたいので、
下記のとおり、関係書類を添えて申請します。

記

申請者（設置者）	フ　リ　ガ　ナ	シャカイフクシホウジン○○○○	
	名　　　称	社会福祉法人　○○○○	
	主たる事務所の所在地	（郵便番号　○○○－○○○○）　東京 都道府県　渋谷 郡・市区 ○○ 町・村 ○－○	
	法　人　の　種　別	社会福祉法人	法人所轄庁 東京都
	連絡先電話番号	03－○○○○－○○○○	F　A　X　番　号 03－○○○○－○○○○
	代表者の職・氏名	職　名 理事長	フリガナ コウノ　オツオ 氏名 甲野　乙男
	代　表　者　の　住　所	（郵便番号　○○○－○○○○）　東京 都道府県　大田 郡・市区 ○○ 町・村 ○－○	

指定（更新）を受けようとする事業所・施設の種類	フ　リ　ガ　ナ	キノウクンレンシセツ○○○○	
	名　　　称	機能訓練施設　○○○○	
	事業所（施設）の所在地	（郵便番号　○○○－○○○○）　東京都　新宿 郡・市区 ○○ 町・村 ○－○	

上記事業所において行う事業等の種類		指定（更新）申請をする事業等の事業開始（予定）年月日	様　式	現に受けている指定の有効期間満了日（更新申請時に限る。）	備　考
指定サービス障害福祉	自立訓練(機能訓練)	2019 年 5 月 1 日	付表9		
施設指定障害者支援					
支援相談一指援定					

事業所番号	障害者の日常生活及び社会生活を総合的に支援するための法律において既に指定を受けている場合	サービスの種類

備考
1　「受付番号」欄には記載しないでください。
2　「法人の種別」欄には、申請者が法人である場合に、「社会福祉法人」「医療法人」「一般社団法人」「一般財団法人」「株式会社」等の別を記載してください。
3　「法人所轄庁」欄には、申請者が認可法人である場合に、その主務官庁の名称を記載してください。
4　「上記事業所において行う事業等の種類」欄には、今回申請するものについて事業の種類を記載してください。
5　「事業所番号」欄は、東京都において既に事業所としての指定を受け、番号が付番されている場合に、その事業所番号を記載してください。
　　複数の番号を有する場合及び他の法律において既に指定を受けている場合は、別紙にその全てを記載してください。
6　申請する事業所・施設の事業等の種類に応じて付表等を添付してください。

（日本工業規格A列4番）

書式14 指定に係る記載事項（機能訓練）

第9号様式

付表9　自立訓練（機能訓練）事業所の指定に係る記載事項

※1 多機能型事業実施時は、各事業の付表と付表13を併せて提出してください。
※2 従たる事業所のある場合は、付表9-2を併せて提出してください。

受付番号

施設	フリガナ	キノウクンレンシセツ ○○○○										
	名称	機能訓練施設										
	所在地	（郵便番号　000-0000） 東京都　新宿区○○町○-○										
	連絡先	電話番号　03-○○○○-○○○○　FAX番号　03-○○○○-○○○○										
管理者	フリガナ	ヘイヤマ　イチロウ	住所	（郵便番号　000-0000） 東京都新宿区○○町○-○								
	氏名	丙山　一郎										
	当該自立訓練事業所で兼務する他の職種（兼務の場合のみ記入）										
	同一敷地内の他の事業所又は施設の従業者との兼務（兼務の場合記入）	事業所等の名称										
		兼務する職種及び勤務時間等										
実施主体が地方公共団体である場合は、当該事業の実施について定めてある条例等		第　　条第　　項第　　号										
訪問事業の実施の有無		有・無										
サービス管理責任者	フリガナ	スズキ　ハナコ	住所	（郵便番号　000-0000） 東京都北区○○町○-○								
	氏名	鈴木　花子										

従業者の職種・員数		サービス管理責任者		看護職員		理学療法士		作業療法士		機能訓練指導員	
			専従	兼務	専従	兼務	専従	兼務	専従	兼務	専従	兼務
従業者数	常勤（人） || 2		2				1			
	非常勤（人） ||									
常勤換算後の人数（人）					2		0.5				
基準上の必要人数（人）												

		歩行訓練士		生活支援員		訪問支援員		その他の従業者	
		専従	兼務	専従	兼務	専従	兼務	専従	兼務
従業者数	常勤（人）			3					
	非常勤（人）			1					
常勤換算後の人数（人）				3.5				
基準上の必要人数（人）									

前年度の平均利用者数（人）	20						
主な掲示事項	運営規程等						
営業日	月曜日～金曜日						
営業時間	9：00 ～ 17：00						
主たる対象者	特定無し	身体障害						難病等対象者
		細分無し	肢体不自由	視覚障害	聴覚・言語	内部障害	
	○						
利用定員	22 人						
基準上の必要定員	人						
利用料	運営規程に定めるとおり						
その他の費用	運営規程に定めるとおり						
通常の事業の実施地域	新宿区、渋谷区						
その他参考となる事項	第三者評価の実施状況　　している・していない						
	苦情解決の措置概要　窓口（連絡先）　管理者　担当者　丙山　一郎						
	その他						
協力医療機関	名称　○○病院　主な診療科名　内科、外科						
多機能型実施の有無	有・無						
一体的に管理運営するその他の事業所							
添付書類	別添のとおり（登記簿謄本又は条例等、事業所平面図、経歴書、運営規程、利用者からの苦情を解決するために講ずる措置の概要、勤務体制・形態一覧表、設備・備品等一覧表、協力医療機関との契約内容がわかるもの）						

（備考）
1.「受付番号」「基準上の必要人数」「基準上の必要値」「基準上の必要定員」欄には、記載しないでください。
2. 記入欄が不足する場合は、適宜欄を設けて記載するか又は別紙に記載した書類を添付してください。
3.「看護職員」とは保健師、看護師、准看護師のことを言います。
4. 新設の場合には、「前年度の平均利用者数」欄は推定数を記入してください。
5.「主な掲示事項」欄には、その内容を簡潔に記載してください。
6.「その他の費用」欄には、入所者に直接金銭の負担を求める場合のサービス内容について記載してください。
7.「通常の事業の実施地域」欄は、市民町村名を記載することとし、当該区域の全部又は一部の別を記載してください。なお、一部の地域が実施地域である場合は、適宜地図を添付してください。
8. 共生型自立訓練（機能訓練）の申請の場合、以下の書類の提出を省略することができます。
　（1）登記事項証明書又は条例等、（2）事業所平面図、（3）管理者及びサービス管理責任者の氏名、生年月日、住所及び経歴
　（4）利用者からの苦情を解決するために講ずる措置の概要

（日本工業規格A列4番）

12 自立訓練（生活訓練）の指定基準と申請手続き

宿泊型には居室と浴室を設ける

◉ 事業を始めるためには基準を満たすことが必要である

　自立訓練（生活訓練）のサービスは、入所施設や病院などを退所、退院した利用者が、自立した地域生活を営むことができるよう、生活能力の維持、向上のために必要な支援を行います。

　自立訓練（生活訓練）を提供する事業者は、事業所に、生活支援員・地域移行支援員、サービス管理責任者を配置します。サービス管理責任者のうち一人は常勤とする必要があります。

　地域移行支援員は、宿泊型の自立訓練を行う場合、自立訓練（生活訓練）事業所ごとに、１人以上置くことが必要です。

　サービス管理責任者は、利用者の数が60人以下の場合、１人以上おきます。利用者の数が61人以上の場合、40人またその端数を増すごとに１人増員することが必要です。

　自立訓練（生活訓練）を提供する事業所には、訓練・作業室、相談室、洗面所、便所、多目的室などを設置する必要があります。宿泊施設を設ける場合にはこれらの他に居室と浴室を設け、居室の定員は１名、広さは7.43㎡を確保します。

◉ 運営上の注意点は

　自立訓練（生活訓練）を提供する事業者は、生活訓練を提供した際には、利用者から生活訓練に関する利用者負担額の支払を受けることができます。また、生活訓練サービスを提供した際には、その都度、生活訓練サービスの提供日、内容その他必要な事項を記録する必要があります。

● どんな書類を提出するのか

　事業を始めるためには、以下の書類を提出します。添付書類の中には、申請の形態によっては提出が不要なものもあります。また、利用日数について特例の適用を受けるための届出書の提出が必要な場合もあるため、あらかじめ確認することが必要です。

　なお、以下の申請書類とともに、事業開始届（事業計画書及び収支予算書を添付）を提出することになります。

【申請書】

・指定申請書（177ページ）

・指定に係る記載事項（178ページ）

　さらに、サービスを提供する事業者が受け取る報酬について加算の要件を満たす場合には、介護給付費等算定に係る体制等に関する届出書、介護給付費等算定に係る体制等状況一覧表、勤務形態一覧表、福祉専門職員配置等加算に関する届出書、送迎加算に関する届出書などの書類を提出する必要があります。

【添付書類】

・申請者の定款、寄付行為等・登記事項証明書または条例等

・平面図、設備・備品等一覧表

・建物面積表

・土地・建物登記簿または賃貸借契約書の写し

・管理者・サービス管理責任者の経歴書・資格等の証明書の写し

・実務経験証明書・実務経験見込証明書

・サービス管理責任者研修・相談支援従事者初任者研修修了証

・運営規程

・主な対象者を特定する理由書

・利用者からの苦情を解決するために講じる措置の概要

・協力医療機関の名称・診療科名、協力医療機関との契約の内容がわかる書類

第3章　障害福祉サービス事業の申請手続きと書式　**175**

・申請に関する事業についての資産の状況（貸借対照表、財産目録など）

・就業規則

・指定を受けられない事由がないことに関する誓約書・役員等名簿

◉ 書式作成上の注意点

　指定申請書、指定に係る記載事項の書式を作成する際には以下の点に留意します。書式の書き方については、基本的には自立訓練（機能訓練）の場合と同様です。

書式15　指定申請書（生活訓練）

　指定申請書には届出をする日を記載します。

　「指定障害福祉サービス」の欄には施設で行う障害福祉サービスの種類を記載し事業を開始する予定年月日を記載します。

　押印欄には事業者としての法人代表印を押印する必要があるため、あらかじめ印鑑を作成しておきましょう。

書式16　指定に係る記載事項（生活訓練）

　管理者が他の事業所についても兼務している場合には、「他の事業所または施設の従業者との兼務（兼務の場合記入）」欄に、事業所等の名称、兼務する職種及び勤務時間などを記載します。

　事業所で訪問事業を実施する場合には、「訪問事業の実施の有無」欄の「有」を囲みます。また、宿泊型事業を実施する場合には、「宿泊型事業の実施有無」欄の「有」を囲みます。

　新設で前年度の実績がない場合、「前年度の平均利用者数（人）」欄には、推定数を記入します。

　2つ以上の障害福祉サービスを実施する多機能型の有無及び一体的に管理運営を行う他の事業所がある場合には、「多機能型実施の有無」欄の「有」を囲みます。

176

書式15　指定申請書（生活訓練）

第1号様式（第2条関係）

指定障害福祉サービス事業者
指定障害者支援施設　指定申請書
指定一般相談支援事業者

受付番号　　　　　

2019 年 3 月 1 日

東京都知事　殿

申請者（設置者）
所在地　東京都渋谷区○○町○-○
名　称　社会福祉法人　○○○○
代表者の氏名　甲野　乙男　（代表者印）

障害者の日常生活及び社会生活を総合的に支援するための法律に規定する事業所（施設）に係る指定（更新）を受けたいので、下記のとおり、関係書類を添えて申請します。

記

申請者（設置者）	フリガナ	シャカイフクシホウジン○○○○
	名　称	社会福祉法人　○○○○
	主たる事務所の所在地	（郵便番号　○○○-○○○○）東京 (都)道府県　渋谷 郡・市(区)　○○　○○(町)村　○-○
	法人の種別	社会福祉法人
	法人所轄庁	東京都
	連絡先電話番号	03-○○○○-○○○○
	FAX番号	03-○○○○-○○○○
	代表者の職・氏名	職名　理事長　フリガナ　コウノ　オツオ　氏名　甲野　乙男
	代表者の住所	（郵便番号　○○○-○○○○）東京 (都)道府県　大田 郡・市(区)　○○　○○(町)村　○-○

指定を受けようとする事業所・施設の種類	フリガナ	セイカツクンレンシセツ○○○○
	名　称	生活訓練施設　○○○○
	事業所（施設）の所在地	（郵便番号　○○○-○○○○）東京 (都)道府県　新宿 郡・市(区)　○○　○○(町)村　○-○
	上記事業所において行う事業等の種類	指定（更新）申請をする事業等の事業開始（予定）年月日	様式	現に受けている指定の有効期間満了日（更新申請時に限る。）	備考
	指定障害福祉サービス　自立訓練(生活訓練)	2019年5月1日	付表10		
	指定障害者支援施設				
	指定一般相談支援				
	事業所番号	障害者の日常生活及び社会生活を総合的に支援するための法律において既に指定を受けている場合	サービスの種類

備考
1　「受付番号」欄には記載しないでください。
2　「法人の種別」欄には、申請者が法人である場合に、「社会福祉法人」「医療法人」「一般社団法人」「一般財団法人」「株式会社」等の別を記載してください。
3　「法人所轄庁」欄には、申請者が認可法人である場合に、その主務官庁の名称を記載してください。
4　「上記事業所において行う事業等の種類」欄には、今回申請するものについて事業の種類を記載してください。
5　「事業所番号」欄には、東京都において既に事業所としての指定を受け、番号が付番されている場合に、その事業所番号を記載してください。
　　複数の番号を有する場合及び他の法律において既に指定を受けている場合は、別紙にその全てを記載してください。
6　申請する事業所・施設の事業等の種類に応じて付表等を添付してください。

書式16 指定に係る記載事項（生活訓練）

付表10 自立訓練（生活訓練）事業所の指定に係る記載事項

※1 多機能型事業実施時には、各事業の付表と付表13を併せて提出してください。
※2 従たる事業所のある場合は、付表10-2を併せて提出してください。

受付番号

施設	フリガナ	セイカツクンレンシセツ ○○○○						
	名称	生活訓練施設 ○○○○						
	所在地	（郵便番号○○○-○○○○）東京都新宿区○○町○-○						
	連絡先	電話番号 03-○○○○-○○○○				FAX番号 03-○○○○-○○○○		
管理者	フリガナ	ヘイヤマ イチロウ	住所	（郵便番号○○○-○○○○）東京都新宿区○○町○-○				
	氏名	丙山 一郎						
	当該自立訓練事業所で兼務する他の職種（業務）の場合のみ記入）							
	他事業所又は施設の従業者との兼務（兼務の場合記入）	事業所等の名称						
		兼務する職種及び勤務時間等						
当該事業の実施について定めてある定款又は条例等					第 条第 項第 号				
	訪問事業の実施の有無				有・無	宿泊型事業の実施の有無		有・無	
サービス管理責任者	フリガナ	スズキ ハナコ		住所	（郵便番号○○○-○○○○） 東京都北区○○町○-○		
	氏名	鈴木 花子						

従業者の職種・員数		サービス管理責任者		生活支援員		看護職員		訪問支援員		地域移行支援員		その他の従業者	
		専従	兼務	専従	兼務	専従	兼務	専従	兼務	専従	兼務	専従	兼務
従業者数	常勤（人）	2		3				2					
	非常勤（人）			1		1							
常勤換算後の人数（人）				3.5		0.5							
基準上の必要人数（人）													

前年度の平均利用者数（人）	20 人		
居室（宿泊型実施の場合）	1室の最大定員	1 人	人以下
	入所者1人あたりの最小床面積	8.0 ㎡	㎡

主な掲示事項	
営業日	月曜日～金曜日
営業時間	9：00～17：00
主たる対象者	特定無し ○ 知的障害者 精神障害者
利用定員	22 人
基準上の必要定員	人

利用料	運営規定に定めるとおり	
その他の費用	運営規定に定めるとおり	
通常の事業の実施地域	新宿区、渋谷区	
その他参考となる事項	第三者評価の実施状況	している・していない
	苦情解決の措置概要	窓口（連絡先） 管理者 担当者 丙山 一郎
	その他	
協力医療機関	名称 ○○病院	主な診療科名 内科、外科
多機能型実施の有無	有・無	
一体的に管理運営するその他の事業所	付表3（生活介護）・付表12（就労継続支援A型）	
添付書類	別添のとおり（定款、寄付行為及び登記簿謄本又は条例等、事業所平面図、経歴書、運営規程、利用者からの苦情を解決するために講ずる措置の概要、勤務体制・形態一覧表、資産状況（貸借対照表・財産目録等）、設備・備品等一覧表、協力医療機関との契約内容がわかるもの）	

（備考）
1.「受付番号」「基準上の必要人数」「基準上の必要定員」欄は、記載しないでください。
2. 記入欄が不足する場合は、適宜欄を設けて記載するか又は別葉に記載した書類を添付してください。
3.「看護職員」とは保健師、看護師、准看護師のことをいいます。
4. 新設の場合には、「前年度の平均利用者数」欄は推定数を記入してください。
5.「主な掲示事項」欄には、その内容を簡潔に記載してください。
6.「その他の費用」欄には、入所者に直接金銭の負担を求める場合のサービス内容について記載してください。
7.「通常の事業の実施地域」欄には、市区町村名を記載することとし、当該区域の全部又は一部の別を記載してください。なお、一部の地域が実施地域である場合は、適宜地図を添付してください。
8. 共生型自立訓練（生活訓練）の申請の場合、以下の書類の提出を省略することができます。
(1)登記事項証明書又は条例等、(2)事業所平面図、(3)管理者及びサービス管理責任者の氏名、生年月日、住所及び経歴
(4)利用者からの苦情を解決するために講ずる措置の概要

13 就労移行支援の指定基準と申請手続き

就職を支援する職業指導員などを配置する

◉ 事業を始めるためには基準を満たすことが必要である

就労移行支援のサービスを提供する事業は、利用者が自立した生活を送ることができるように、生産活動などの活動の機会を提供して、就労に必要な能力を向上させるために必要な訓練、求職活動に関する支援を行うことを内容とします。

◉ どのような人員を配置するのか

就労移行支援サービスを提供する事業者は、職業指導員・生活支援員・就労支援員・サービス管理責任者を配置する必要があります。利用者が増加した場合には、それに伴ってこれらの人員も増やさなければなりません。

職業指導員及び生活支援員の総数は、指定就労移行支援事業所ごとに、利用者数の数を6で除した数以上必要です。

◉ どのような設備でなければならないのか

就労移行支援サービスを提供する事業所には、あん摩マッサージ指圧師・はり師・きゅう師の養成施設で必要とされる設備を設ける必要があります。

◉ 運営上の注意点は

就労移行支援サービスを提供する事業者は、公共職業安定所での求職の登録など、サービスの利用者が行う求職活動を支援します。また、毎年、前年度における就職した利用者の数などの就職に関する状況を、

第3章 障害福祉サービス事業の申請手続きと書式 **179**

都道府県に報告する必要があります。

◉ どんな書類を提出するのか

　事業を始めるためには、以下の書類を提出します。添付書類の中には、申請の形態によっては提出が不要なものもあります。また、利用日数について特例の適用を受けるための届出書の提出が必要な場合もあるため、あらかじめ確認することが必要です。なお、以下の申請書類とともに、事業開始届（事業計画書及び収支予算書を添付）を提出します。

【申請書】

・指定申請書（182ページ）

・指定に係る記載事項（183ページ）

　なお、サービスを提供する事業者が受け取る報酬について加算の要件を満たす場合には、介護給付費等算定に係る体制等に関する届出書、介護給付費等算定に係る体制等状況一覧表、就労移行支援に係る基本報酬の算定区分に関する届出書などの書類を提出します。

【添付書類】

・申請者の定款、寄付行為等・登記事項証明書または条例等

・平面図（各スペースの面積の記入が必要）

・建物面積表

・設備・備品等一覧表

・土地・建物登記簿または賃貸借契約書の写し

・管理者・サービス管理責任者の経歴書・資格等の証明書の写し

・実務経験証明書・実務経験見込証明書

・サービス管理責任者研修・相談支援従事者初任者研修修了証

・運営規程

・利用者からの苦情を解決するために講じる措置の概要

・主な対象者を特定する理由書

・協力医療機関の名称・診療科名、協力医療機関との契約の内容

・申請に関する事業についての資産の状況（貸借対照表、財産目録など）

・就業規則

・指定を受けられない事由がないことに関する誓約書・役員等名簿

◉ 書式作成上の注意点

指定申請書、指定に係る記載事項の書式を作成する際には以下の点に留意します。

書式17　指定申請書（就労移行支援）

事業者としての法人代表印を押印し、指定申請書には届出をする日を記載します。

「指定障害福祉サービス」の欄には施設で行う障害福祉サービスの種類（本書式の場合は就労移行支援）を記載し、事業を開始する予定年月日を記載します。

書式18　指定に係る記載事項（就労移行支援）

まずは一般型か資格取得型かを記載します。資格取得型は、本人の適性にあった資格を取得して、就労をすることをめざす支援サービスになります。

「主な掲示事項」欄には、利用定員、基準上の必要定員、主たる対象者、利用料、その他の費用、その他参考となる事項を記載します。

主な対象者を定めた場合、別途対象者を特定する理由を記載した書式を提出することになります。

第3章　障害福祉サービス事業の申請手続きと書式　**181**

書式17 指定申請書（就労移行支援）

別記
第1号様式（第2条関係）

受付番号　　　　

指定障害福祉サービス事業者
指定障害者支援施設　　　　指定（更新）申請書　　2019年　3月　1日
指定一般相談支援事業者

東京都知事　殿

所在地　東京都渋谷区〇〇町〇-〇
申請者
（設置者）名　称　社会福祉法人〇〇〇〇
代表者の氏名　甲野　乙男　（代表者印）

障害者の日常生活及び社会生活を総合的に支援するための法律に規定する事業者（施設）に係る指定（更新）を受けたいので、下記のとおり、関係書類を添えて申請します。

記

申請者（設置者）

フリガナ	シャカイフクシホウジン〇〇〇〇
名称	社会福祉法人　〇〇〇〇
主たる事務所の所在地	（郵便番号　〇〇〇-〇〇〇〇） 東京　都道府県　渋谷　郡・市・町・村　〇〇　〇-〇
法人の種別	社会福祉法人 ／ 法人所轄庁　東京都
連絡先電話番号	03-〇〇〇〇-〇〇〇〇 ／ FAX番号　03-〇〇〇〇-〇〇〇〇
代表者の職・氏名	職名　理事長 ／ フリガナ　コウノ オツオ ／ 氏名　甲野 乙男
代表者の住所	（郵便番号　〇〇〇-〇〇〇〇） 東京　都道府県　大田　郡・市・町・村　〇〇　〇-〇

指定（更新）を受けようとする事業所・施設の種類

フリガナ	シュウロウイコウシエンジギョウショ〇〇〇〇
名称	就労移行支援事業所　〇〇〇〇
事業所（施設）の所在地	（郵便番号　〇〇〇-〇〇〇〇） 東京　都道府県　新宿　郡・市・町・村　〇〇　〇-〇

上記事業所において行う事業等の種類	指定（更新）申請をする事業等の開始（予定）年月日	様式	現に受けている指定の有効期間満了日（更新申請時に限る。）	備考
指定障害福祉サービス　就労移行支援	2019年5月1日	付表11		
指定障害者支援施設				
一般相談支援				

事業所番号	障害者の日常生活及び社会生活を総合的に支援するための法律において既に指定を受けている場合	サービスの種類

備考
1　「受付番号」欄には記載しないでください。
2　「法人の種別」欄には、申請者が法人である場合に、「社会福祉法人」「医療法人」「一般社団法人」「一般財団法人」「株式会社」等の別を記載してください。
3　「法人所轄庁」欄には、申請者が認可法人である場合に、その主務官庁の名称を記載してください。
4　「上記事業所において行う事業等の種類」欄には、今回申請するものについて事業の種類を記載してください。
5　「事業所番号」欄には、東京都において既に事業所としての指定を受け、番号が付番されている場合に、その事業所番号を記載してください。
　　複数の番号を有する場合及び他の法律において既に指定を受けている場合は、別紙にその全てを記載してください。
6　申請する事業所・施設の事業等の種類に応じて付表等を添付してください。

（日本工業規格A列4番）

書式18 指定に係る記載事項（就労移行支援）

付表11 就労移行支援事業の指定に係る記載事項

※1 多機能型事業実施時は、各事業の付表と付表13を併せて提出してください。
※2 従たる事業所のある場合は、付表11-2を併せて提出してください。

(一般型／資格取得型)　　　受付番号 ＿＿＿＿＿＿＿＿

施設	フリガナ	シュウロウイコウシエンジギョウショ ○○○○
	名称	就労移行支援事業所 ○○○○
	所在地	（郵便番号 ○○○-○○○○）東京都新宿区○○町○-○
	連絡先	電話番号 03-○○○○-○○○○　FAX番号 03-○○○○-○○○○

管理者	フリガナ	ヘイヤマ イチロウ	住所	（郵便番号 ○○○-○○○○）東京都新宿区○○町○-○
	氏名	丙山 一郎		

実施主体が地方公共団体である場合は、当該事業の実施について定めてある条例等　第　条第　項第　号

サービス管理責任者	フリガナ	スズキ ハナコ	住所	（郵便番号 ○○○-○○○○）東京都北区○○町○-○
	氏名	鈴木 花子		

従業者の職種・員数

		管理者		サービス管理責任者		職業指導員		生活支援員	
		専従	※兼務	専従	※兼務	専従	※兼務	専従	※兼務
従業者数	常勤(人)	2		2		2		2	
	非常勤(人)					1		1	
常勤換算後の人数(人)		2		2		2.7		2.7	
基準上の必要人数(人)									

		就労支援員		その他の従業者	
		専従	※兼務	専従	※兼務
従業者数	常勤(人)	2			
	非常勤(人)			3	
常勤換算後の人数(人)		2		1.5	
基準上の必要人数(人)					

前年度の平均利用者数(人)	25人
主な掲示事項	運営規程等
利用定員	27人
基準上の必要定員	人

主たる対象者	特定無し			身体障害者			
	○	細分無し	肢体不自由	視覚障害	聴覚・言語	内部障害
	知的障害者	精神障害者	難病等対象者				

利用料	運営規程のとおり
その他の費用	運営規程のとおり
その他参考となる事項	第三者評価の実施状況　している・(していない)
	苦情解決の措置概要　窓口(連絡先) 管理者　担当者 丙山 一郎
	その他
協力医療機関	名称 ○○病院　主な診療科名 内科、外科
提携就労支援機関	○○公共職業安定所
添付書類	別添のとおり（登記簿謄本又は条例等、事業所平面図、経歴書、運営規程、利用者からの苦情を解決するために講ずる措置の概要、勤務体制・形態一覧表、設備・備品等一覧表、協力医療機関との契約内容がわかるもの）

(備考)
1．「受付番号」「基準上の必要人数」「基準上の必要員」「基準上の必要定員」欄には、記載しないでください。
2．記入欄が不足する場合は、適宜欄を設けて記載するか又は別紙の書類を添付してください。
3．「併設する施設の名称及び概要」欄には、施設の目的及び提供するサービスの内容等を記載してください。
4．「主な掲示事項」欄には、その内容を簡潔に記載してください。
5．「※兼務」欄は、短期入所事業以外との兼務を行う職員について記載してください。
6．新設の場合には、「前年度の平均利用者数」欄は推定数を記入してください。
7．「その他の費用」欄には、入所者に直接金銭の負担を求める場合のサービス内容について記載してください。
8．「提携就労支援機関」欄には、就労支援ネットワーク名及びネットワーク内の就労支援機関名を記載してください。

14 就労継続支援の指定基準と申請手続き

就労支援を行いながら、公共職業安定所等との連携も行う

● 雇用型の就労継続支援（Ａ型）の指定基準

　就労継続支援Ａ型の事業は、利用者が自立した日常生活を送ることができるよう、雇用契約に基づき就労の機会を提供し、知識と能力の向上のために必要な訓練を行うことを内容としています。

・どのような人員を配置するのか

　就労継続支援Ａ型のサービスを提供する事業者は、事業所に、職業指導員・生活支援員・サービス管理責任者を配置する必要があります。職業指導員と生活支援員のうち少なくとも一人は常勤とします。

・どのような設備でなければならないのか

　就労継続支援Ａ型のサービスを提供する事業所には、訓練・作業室、相談室、洗面所、便所、多目的室など、運営上必要な設備を設ける必要があります。訓練・作業室は作業のための広さを確保し、必要な機械器具を備えます。

・運営上の注意点は

　指定就労継続支援Ａ型のサービスを提供する事業者は、利用者と雇用契約を締結します。また、利用者の賃金の水準を高めるよう努力する必要があります。さらに、利用者が行う公共職業安定所での求職などの求職活動の支援や、障害者就業・生活支援センター等の関係機関と連携して、就労に関する利用者の相談に応じます。

● 非雇用型の就労継続支援（Ｂ型）の指定基準

　就労継続支援Ｂ型の事業は、利用者が自立した日常生活を送ることができるよう、就労の機会や生産活動の機会を提供することで、知識

や能力の向上のための訓練を行うことを内容としています。

・どのような人員を配置するのか

　事業所には、職務に専従する管理者を配置します。また、職業指導員・生活支援員・サービス管理責任者も配置し、職業指導員と生活支援員のうち少なくとも一人は常勤とします（下図）。

・どのような設備でなければならないのか

　就労継続支援B型のサービスを提供する事業所には、訓練・作業室、相談室、洗面所、便所、多目的室などを設置します。訓練・作業室は作業のための広さを確保し、必要な機械器具を備える必要があります。

・運営上の注意点は

　就労継続支援B型のサービスを提供する事業者は、公共職業安定所、

■ 就労継続支援の指定基準の概要 ………………………………………

人員基準		
職業指導員 生活支援員 （常勤換算で利用者数を10で除した人数以上）	事業所ごとに1人以上	
	職業指導員・生活支援員の中で1人は常勤	
管理者	1人（原則、常勤の者）	
サービス管理責任者 （1人以上は常勤）	利用者が60人以下	1人以上
	利用者が60人を超える	1人に、利用者が60人を超えてからさらに40人増えるごとに1人を加える
設備基準		
訓練・作業室	広さと機械器具を備える	
相談室	室内における談話の漏えいを防ぐための間仕切り等を設ける	
洗面所	利用者の特性に応じたもの	
便所	利用者の特性に応じたもの	
多目的室など	利用者の特性に応じたもの	
消火設備など	消防法などに規定された設備	

※人員・設備についての指定基準はA型もB型も同様である。

障害者就業・生活支援センター、特別支援学校などの関係機関と連携
して、利用者の就労に対する意向や適性をふまえて実習先を確保します。

　また、利用者の求職活動の支援や、職業生活における利用者からの
相談にも応じます。

● どんな書類を提出するのか

　事業を始めるためには、以下の書類を提出します。添付書類の中に
は、申請の形態によっては提出が不要なものもあります。利用日数に
ついて特例や利用料減免を行う場合に届出書の提出が必要な場合もあ
るため、あらかじめ確認することが必要です。

　以下の申請書類とともに、事業開始届（事業計画書及び収支予算書
を添付）を提出することになります。

・指定申請書（188ページ）

・指定に係る記載事項（189ページ）

　なお、サービスを提供する事業者が受け取る報酬について加算の要
件を満たす場合には、介護給付費等算定に係る体制等に関する届出書、
介護給付費等算定に係る体制等状況一覧表、就労継続支援A型（ある
いはB型）に係る基本報酬の算定区分に関する届出書、勤務形態一覧
表及び指定日から勤務することができる書類（雇用契約書、内定承諾
書など）、福祉専門職員配置加算に関する届出書など加算して算定す
る内容に関する届出などの書類を提出します。

【添付書類】

・申請者の定款、寄付行為等・登記事項証明書または条例等

・平面図（各スペースの面積の記入が必要）

・建物面積表

・設備・備品等一覧表

・土地・建物登記簿または賃貸借契約書の写し

・管理者・サービス管理責任者の経歴書・資格等の証明書の写し

・実務経験証明書・実務経験見込証明書

・サービス管理責任者研修・相談支援従事者初任者研修修了証

・運営規程

・利用者からの苦情を解決するために講じる措置の概要

・主な対象者を特定する理由書

・協力医療機関の名称・診療科名、協力医療機関との契約の内容

・申請に関する事業についての資産の状況（貸借対照表、財産目録など）

・就業規則

・指定を受けられない事由がないことに関する誓約書・役員等名簿

◉ 書式作成上の注意点

　指定申請書、指定に係る記載事項の書式を作成する際には以下の点に留意します。なお、本書で掲載する書式は、非雇用型の就労継続支援（B型）のサービスを想定しています。

書式19　指定申請書（就労継続支援、B型）

　事業者としての法人代表印を押印し、指定申請書には届出をする日を記載します。「法人の種別」欄には、申請者が法人である場合に、「社会福祉法人」「医療法人」「一般社団法人」「一般財団法人」「株式会社」などの区別を記載します。「指定障害福祉サービス」の欄には施設で行う障害福祉サービスの種類（本書の場合、就労継続支援B型）を記載し、事業開始の予定年月日を記載します。

書式20　指定に係る記載事項（就労継続支援、B型）

　「主な掲示事項」欄には、利用定員、基準上の必要定員、主たる対象者、利用料、その他の費用、その他参考となる事項を記載します。

　主な対象者を定めた場合、別途対象者を特定する理由を記載した書式を提出することになります。「※兼務」欄については、他の障害福祉サービスとの兼務を行う職員について記載します。

第3章　障害福祉サービス事業の申請手続きと書式　**187**

✒ 書式19　指定申請書（就労継続支援、B型）

別記
第1号様式（第2条関係）

	受付番号

指定障害福祉サービス事業者
指定障害者支援施設　指定（更新）申請書　2019 年　3 月　1 日
指定一般相談支援事業者

東京都知事　殿

所在地　東京都渋谷区○○町○－○
申請者
（設置者）　名　称　社会福祉法人　○○○○
代表者の氏名　甲野　乙男　㊞代表者印

障害者の日常生活及び社会生活を総合的に支援するための法律に規定する事業所（施設）に係る指定（更新）を受けたいので、
下記のとおり、関係書類を添えて申請します。

記

申請者（設置者）	フ　リ　ガ　ナ	シャカイフクシホウジン○○○○			
	名　　　　称	社会福祉法人　○○○○			
	主たる事務所の所在地	（郵便番号　○○○ － ○○○） 東京 都道 府県　渋谷 郡・市 区　○○ 町・村 ○－○			
	法　人　の　種　別	社会福祉法人		法人所轄庁	東京都
	連　絡　先　電　話　番　号	03－○○○○－○○○○		FAX番号	03－○○○○－○○○○
	代表者の職・氏名	職　　名　理事長	フリガナ	コウノ　オツオ	
			氏　　名	甲野　乙男	
	代　表　者　の　住　所	（郵便番号　○○○ － ○○○） 東京 都道 府県　大田 郡・市 区　○○ 町・村 ○－○			

指定（更新）を受けようとする事業所・施設の種類	フ　リ　ガ　ナ	シュウロウケイゾクシエンBガタジギョウショ　○○○○			
	名　　　　称	就労継続支援B型事業所　○○○○			
	事業所（施設）の所在地	（郵便番号　○○○ － ○○○） 東京都　新宿 郡・市 区　○○ 町・村 ○－○			

上記事業所において行う事業等の種類		指定（更新）申請をする事業等の事業 開始（予定）年月日	様　式	現に受けている指定の有効期間満 了日（更新申請時に限る。）	備　考
指定障害福祉サービス	就労継続支援B型	2019 年 5 月 1 日	付表12		
指定障害者支援施設					
一般相談支援指定					

事業所番号	障害者の日常生活及び社会生活を総合的に支援するための法律 において既に指定を受けている場合	サービスの種類

備考
1　「受付番号」欄には記載しないでください。
2　「法人の種別」欄には、申請者が法人である場合に、「社会福祉法人」「医療法人」「一般社団法人」「一般財団法人」
　「株式会社」等の別を記載してください。
3　「法人所轄庁」欄には、申請者が認可法人である場合に、その主務官庁の名称を記載してください。
4　「上記事業所において行う事業等の種類」欄には、今回申請するものについて事業の種類を記載してください。
5　「事業所番号」欄には、東京都において既に事業所としての指定を受け、番号が付番されている場合に、その事業所番
　号を記載してください。
　複数の番号を有する場合及び他の法律において既に指定を受けている場合は、別紙にその全てを記載してください。
6　申請する事業所・施設の事業等の種類に応じて付表等を添付してください。

（日本工業規格A列4番）

書式20 指定に係る記載事項（就労継続支援、B型）

付表12 就労継続支援事業の指定に係る記載事項

※1 多機能型事業実施時は、各事業の付表と付表13を併せて提出してください。
※2 従たる事業所のある場合は、付表12-2を併せて提出してください。

(就労継続支援(A型))
　 就労継続支援(B型)
※いずれかに○を付してください。

受付番号 _____

施設	フリガナ	シュウロウケイゾクシエンBガタジギョウショ ○○○○
	名称	就労継続支援B型事業所 ○○○○
	所在地	(郵便番号 ○○○ - ○○○○) 東京都 新宿区○○町○一○
	連絡先	電話番号 03-○○○○-○○○○ FAX番号 03-○○○○-○○○○

管理者	フリガナ	ヘイヤマ イチロウ	住所	(郵便番号 ○○○ - ○○○○) 東京都新宿区○○町○一○
	氏名	丙山 一郎		

当該事業の実施について定めてある※定款又は条例等 注「※定款」は、A型のみ　　第　条第　項第　号

サービス管理責任者	フリガナ	スズキ ハナコ	住所	(郵便番号 ○○○ - ○○○○) 東京都北区○○町○一○
	氏名	鈴木 花子		

従業者の職種・員数		管理者		サービス管理責任者		職業指導員		生活支援員	
		専従	※兼務	専従	※兼務	専従	※兼務	専従	※兼務
従業者数	常勤(人)	2		2		1		2	
	非常勤(人)						1		1
常勤換算後の人数(人)		2		2		1.5		2.5	
基準上の必要人数(人)									

		その他の従業者	
		専従	※兼務
従業者数	常勤(人)	1	
	非常勤(人)	2	
常勤換算後の人数(人)		2	
基準上の必要人数(人)			

前年度の平均利用者数(人)	25人
主な掲示事項	運営規程等
利用定員	27人
基準上の必要定員	人

主たる対象者	特定無し ○	細分無し	身体障害者			
			肢体不自由	視覚障害	聴覚・言語	内部障害
	知的障害者	精神障害者	難病等対象者			

利用料	運営規程のとおり
その他の費用	運営規程のとおり
その他参考となる事項	第三者評価の実施状況　している・(していない) 苦情解決の措置概要　窓口(連絡先) 管理者　担当者 丙山 一郎 その他
協力医療機関	名称 ○○病院　主な診療科名 内科、外科
添付書類	別添のとおり(※定款、寄付行為及び登記簿本又は条例等、事業所平面図、経歴書、運営規程、利用者からの苦情を解決するために講ずる措置の概要、勤務体制・形態一覧表、設備・備品一覧表、協力医療機関との契約内容がわかるもの) 注「※定款、寄付行為」はA型のみ

(備考)
1.「受付番号」「基準上の必要人数」「基準上の必要員」「基準上の必要定員」欄は、記載しないでください。
2. 記入欄が不足する場合は、適宜欄を設けて記載するか又は別葉に記載した書類を添付してください。
3.「併設する施設の名称及び概要」欄には、施設の目的及び提供するサービスの内容等を記載してください。
4.「主な掲示事項」欄には、その内容を簡潔に記載してください。
5.「※兼務」欄は、短期入所事業以外との兼務を行う職員について記載してください。
6. 新設の場合には、「前年度の平均利用者数」欄は推定数を記入してください。
7.「その他の費用」欄には、入所者に直接金銭の負担を求める場合のサービス内容について記載してください。

第3章　障害福祉サービス事業の申請手続きと書式　189

15 児童発達支援の申請手続き

障害児の日常生活における基本動作などの訓練や指導を行う

● どんな書類を提出するのか

　児童発達支援の開始を希望する事業者は、以下の書類を提出します。書式21では、事業者が、児童発達支援センター以外の形式で、児童発達支援事業を開始する場合における書式を掲載しています。また、以下の書類の他に、事業開始届（事業計画書・収支予算書を添付する）を提出する必要があることにも注意しなければなりません。

・指定申請書（192ページ）

・指定に係る記載事項（193ページ）

　なお、サービスを提供する事業者が受け取る報酬について加算の要件を満たす場合には、障害児（通所・入所）給付費算定に係る体制等に関する届出書、障害児通所・入所給付費の算定に係る体制等状況一覧表を合わせて提出する必要があります。

【添付書類】

・登記事項証明書など

・事業所の平面図、写真・設備の概要

・事業所の管理者・児童発達支援管理責任者の経歴書（児童発達支援管理責任者として必要な研修を受講した場合は、研修修了証を添付）

・児童発達支援管理責任者等の資格証の写し（資格要件で必要な場合）

・児童発達支援管理責任者の実務経験書

・児童発達支援管理責任者研修・相談支援従事者初任者研修修了証

・運営規程

・利用者からの苦情を解決するために講じる措置の概要

・従業者の資格証写し（必要に応じて）

・従業者の障害福祉サービスに関する実務経験書（必要に応じて）

・協力医療機関の名称・診療科名、協力医療機関との契約の内容

・申請に関する事業についての資産の状況（貸借対照表、財産目録など）

・就業規則

・児童福祉法が規定する、障害児通所支援事業者の指定を受けることができない事由に該当しないことに関する誓約書

・消防計画

・車検証の写し（送迎を行う場合）

● 書式作成上の注意点

　指定申請書、指定に係る記載事項の書式を作成する際には以下の点に留意します。

書式21　指定申請書

　障害児発達支援事業は、障害児通所支援のひとつですので、申請書の見出しにおいて、「障害児通所支援」を○で囲みます。書式21では、申請者が社会福祉法人の場合の例を記載していますが、事業者の形態に応じて、「医療法人」「公益社団法人」「株式会社」などと記載します。

　「事業等の種別」欄には「児童発達支援」と記載して、サービス開始の年月日を記載するとともに「様式」欄には、指定に関する記載事項（付表）を明示する必要があります。押印欄には、法人の代表者印を押印します。

書式22　指定に係る記載事項（児童発達支援事業所）

　児童発達支援事業においては、管理者、児童発達支援管理責任者、児童指導員または保育士、障害福祉サービス経験者の配置が必要です。また、書式22では記載していませんが、機能訓練を行う場合には機能訓練担当職員の配置が必要になります。

　上記の職員について、人員基準で定める員数を満たしているか、必ず確認しましょう。

第3章　障害福祉サービス事業の申請手続きと書式　**191**

書式21　障害児通所支援指定申請書

別記
第1号様式(第2条関係)

受付番号 [　　　]

障害児通所支援
　　　　　　指定(更新)申請書
障害児入所支援

2019 年 3 月 1 日

東京都知事 殿

申請者　　所在地　東京都渋谷区○○町○-○
(設置者)　名　称　社会福祉法人 ○○○○
　　　　　代表者　甲野　乙男　(代表者印)

児童福祉法に規定する障害児(通所・入所)支援に係る指定(更新)を受けたいので下記のとおり関係書類を添えて申請します。

申請者（設置者）	フリガナ	シャカイフクシホウジン ○○○○		
	名　称	社会福祉法人　○○○○		
	主たる事務所の所在地	(郵便番号 ○○○-○○○○)　東京都渋谷区○○町○-○		
	法人である場合その種別	社会福祉法人	法人所轄庁	東京都
	連絡先電話番号	03-○○○○-○○○○	FAX番号	03-○○○○-○○○○
	代表者の職・氏名	職　名　理事長	フリガナ	コウノ　オツオ
			氏　名	甲野　乙男
	代表者の住所	(郵便番号 ○○○-○○○○)　東京都大田区○○町○-○		

指定を受けようとする事業等の種類	フリガナ	○○ショウガイジハッタツシエンジギョウショ		
	名　称	○○障害児発達支援事業所		
	施設又は事業所の所在地	(郵便番号 ○○○-○○○○)　東京都新宿区○○町○-○		
	事業等の種別	指定申請する事業等の支援開始年月日		様　式
	児童発達支援	2019 年 5 月 1 日		第2号様式(付表2)
	同一所在地において行う事業等の種類	事　業　所　番　号		
	備　考			

(備考)
1　「受付番号」欄には記載しないでください。
2　「法人である場合その種別」欄には、申請者が法人である場合に、「社会福祉法人」「医療法人」「公益社団法人」「公益財団法人」「一般社団法人」「一般財団法人」「株式会社」「有限会社」等の別を記載してください。
3　「法人所轄庁」欄には、申請者が認可法人である場合に、その主務官庁の名称を記載してください。
4　「同一所在地において行う事業等の種類」欄には、今回申請をするもの及び既に指定を受けているものについて事業の種類を記載してください。
5　「事業所番号」欄には、東京都において既に事業所としての指定を受け、番号が付番されている場合に、その事業所番号を記載してください。複数の番号を有する場合には、適宜様式を補正して、その全てを記載してください。また、今回の指定(更新)申請以外に、既に指定(児童福祉法・自立支援法等)を受けている場合は、別紙にその全てを記載してください。
6　申請する事業等の種類に応じて付表を添付してください。

(日本工業規格A列4番)

書式22 付表2 児童発達支援事業所の指定に係る記載事項

第2号様式

付表2 児童発達支援事業所（児童発達支援センターであるものを除く）の指定に係る記載事項

主として通わせる児童の障害の種別（　　　　　　）　　受付番号［　　　　　　　　　　　］

事業所	フリガナ	○○ショウガイジハッタツシエンジギョウショ		
	名称	○○障害児発達支援事業所		
	所在地	（郵便番号○○○－○○○○）東京都　新宿　郡・市○○　⓪町村　○－○		
	連絡先	電話番号 03-○○○○-○○○○　FAX番号 03-○○○○-○○○○		
管理者	フリガナ	ヘイヤマ　イチロウ	住所	（郵便番号○○○-○○○○）東京都新宿区○○町○-○
	氏名	丙山　一郎		
	当該事業所の他の職務又は同一敷地内の他の事業所又は施設の従業者との兼務（兼務の場合記入）	事業所等の名称		
		兼務する職種及び勤務時間等		
当該支援の実施について定めてある定款又は条例等		第○条第○項第○号		
児童発達支援管理責任者	フリガナ	スズキ　ハナコ	住所	（郵便番号○○○-○○○○）東京都北区○○町○－○
	氏名	鈴木　花子		

従業者の職種・員数	児童指導員		保育士		障害経験者指導員		児童発達支援管理責任者	
	専従	兼務	専従	兼務	専従	兼務	専従	兼務
従業者数　常勤（人）	3				2		2	
非常勤（人）								
備考							
基準上の必要人数（人）							

	機能訓練担当職員		嘱託医		看護職員		その他の従業者	
	専従	兼務	専従	兼務	専従	兼務	専従	兼務
従業者数　常勤（人）								
非常勤（人）								
備考							
基準上の必要人数（人）							

設備	指導訓練室　　㊲・無

主な掲示事項	
営業日	月曜日から金曜日（祝日を除く）
営業時間	9:00～16:00
サービス提供時間（送迎時間を除く）	①10:00～12:00　②13:00～15:00
利用定員	12人（①6人　②6人）
利用料	厚生労働大臣が定める基準による
その他の費用	おやつ代　80円／回
実施サービス	送迎サービス　　㊲・無
その他参考となる事項	第三者評価の実施状況　　している・㊦ていない
	苦情解決の措置概要　　窓口（連絡先）　　　　　担当者
	その他
協力医療機関	名称　○○病院　　主な診療科名　内科、外科
多機能型実施の有無	有・㊦
一体的に管理運営される他の事業所	
添付書類	別添のとおり（登記簿謄本又は条例等、事業所平面図、経歴書、運営規程、障害児等からの苦情を解決するために講ずる措置の概要、勤務体制・形態一覧表、設備・備品等一覧表、協力医療機関との契約内容がわかるもの）利用者負担の受領等に関する保護者向け資料、内規他参考になるもの　障害児通所給付費の請求に関する事項

（備考）
1.「受付番号」「基準上の必要人数」欄には、記載しないでください。
2. 記入欄が不足する場合は、適宜欄を設けて記載するか又は別葉に記載した書類を添付してください。
3.「併設する施設の名称及び概要」欄には、施設の目的及び提供するサービスの内容等を記載してください。
4.「主な掲示事項」欄には、その内容を簡潔に記載してください。
5.「その他の費用」欄には、保護者等に直接金銭の負担を求める場合のサービス内容について記載してください。

（日本工業規格A列4番）

第3章　障害福祉サービス事業の申請手続きと書式

16 医療型児童発達支援の申請手続き

児童発達支援事業において医療サービスを提供する場合

◉ どんな書類を提出するのか

　事業者が、児童発達支援事業において、医療サービスを提供する場合に、以下の書類を提出します。なお、医療型児童発達支援に対して、医療サービスの提供を伴わない児童発達支援事業を、福祉型児童発達支援と呼んで区別しています。

　書式23では、事業者が、児童発達支援センターの形式で、医療型児童発達支援事業を開始する場合における書式を掲載しています。また、以下の書類の他に、児童福祉施設設置認可申請書（建物の規模・構造がわかる書類、収支予算書を添付する）、事業開始届（事業計画書を添付する）を提出する必要があることにも注意しなければなりません。

・指定申請書（196ページ）

・指定に係る記載事項（197ページ）

　なお、サービスを提供する事業者が受け取る報酬について加算の要件を満たす場合には、障害児（通所・入所）給付費算定に係る体制等に関する届出書、障害児通所・入所給付費の算定に係る体制等状況一覧表を合わせて提出する必要があります。

【添付書類】

・登記事項証明書など

・平面図・設備の概要

・事業所の管理者・児童発達管理責任者の経歴書（児童発達管理責任者として必要な研修を受講した場合は、研修修了証を添付）

・児童発達管理責任者の実務経験書

・児童発達管理責任者研修・相談支援従事者初任者研修修了証

194

・運営規程
・利用者からの苦情を解決するために講じる措置の概要
・申請する事業に関する従事者の勤務の体制・勤務形態
・協力医療機関の名称・診療科名、協力医療機関との契約の内容
・医療法7条の許可を受けた診療所であることを証明する書類
・申請する事業に関する資産の状況（貸借対照表、財産目録など）
・就業規則
・児童福祉法が規定する、障害児通所支援事業者の指定を受けることができない事由に該当しないことに関する誓約書
・消防計画

● 書式作成上の注意点

　指定申請書、指定に係る記載事項の書式を作成する際には以下の点に留意します。

書式23 　指定申請書

　医療型障害児発達支援事業は、障害児通所支援のひとつですので、申請書の見出しにおいて、「障害児通所支援」を○で囲みます。押印欄には、法人の代表者印を押印します。「事業等の種別」欄には「医療型児童発達支援」と記載して、サービス開始の年月日を記載するとともに「様式」欄には、指定に関する記載事項（付表）を明示する必要があります。

書式24 　指定に係る記載事項（医療型児童発達支援事業所）

　医療型児童発達支援においては、管理者、児童発達支援管理責任者、児童指導員、保育士、看護職員、理学療法士または作業療法士の配置が必要です。また、医師の配置が必要になりますが、診療所を開設するのに必要とされる人数を配置しなければなりません。さらに、言語訓練を行う場合には、機能訓練担当職員の配置が必要になります。

第3章　障害福祉サービス事業の申請手続きと書式　**195**

書式23　障害児通所支援指定申請書

別記
第1号様式(第2条関係)

受付番号　[　　　]

(障害児通所支援)
指定(更新)申請書
障害児入所支援

2019年3月1日

東京都知事　殿

申請者　所在地　東京都渋谷区○○町○-○
(設置者)　名称　社会福祉法人　○○○○
　　　代表者　甲野　乙男　㊞代表者印

児童福祉法に規定する障害児(通所・入所)支援に係る指定(更新)を受けたいので下記のとおり関係書類を添えて申請します。

申請者（設置者）	フリガナ	シャカイフクシホウジン○○○○		
	名称	社会福祉法人　○○○○		
	主たる事務所の所在地	(郵便番号　○○○-○○○○　) 東京都渋谷区○○町○-○		
	法人である場合その種別	社会福祉法人	法人所轄庁	東京都
	連絡先電話番号	03-○○○○-○○○○	FAX番号	03-○○○○-○○○○
	代表者の職・氏名	職名　理事長	フリガナ 氏名	コウノ　オツオ 甲野　乙男
	代表者の住所	(郵便番号　○○○-○○○○　) 東京都大田区○○町○-○		

指定を受けようとする事業等の種類	フリガナ	○○ショウガイジハッタツシエンジギョウショ		
	名称	○○障害児発達支援事業所		
	施設又は事業所の所在地	(郵便番号　○○○-○○○○　) 東京都新宿区○○町○-○		
	事業等の種別	指定申請する事業等の支援開始年月日	様式	
	医療型児童発達支援	2019年5月1日	第3号様式 (付表3)	
	同一所在地において行う事業等の種類		事業所番号	
	備考			

(備考)
1　「受付番号」欄には記載しないでください。
2　「法人である場合その種別」欄には、申請者が法人である場合に、「社会福祉法人」「医療法人」「公益社団法人」「公益財団法人」「一般社団法人」「一般財団法人」「株式会社」「有限会社」等の別を記載してください。
3　「法人所轄庁」欄には、申請者が認可法人である場合に、その主務官庁の名称を記載してください。
4　「同一所在地において行う事業等の種類」欄には、今回申請するもの及び既に指定を受けているものについて事業の種類を記載してください。
5　「事業所番号」欄には、東京都において既に事業所としての指定を受け、番号が付番されている場合に、その事業所番号を記載してください。複数の番号を有する場合には、適宜様式を補正して、その全てを記載してください。また、今回の指定(更新)申請以外に、既に指定(児童福祉法・自立支援法等)を受けている場合は、別紙にその全てを記載してください。
6　申請する事業等の種類に応じて付表を添付してください。

(日本工業規格A列4番)

書式24　付表3　医療型児童発達支援事業所の指定に係る記載事項

第3号様式

付表3　医療型児童発達支援事業所の指定に係る記載事項

受付番号 □□□□□□

施設
- フリガナ：○○ショウガイジハッタツシエンジギョウショ
- 名称：○○障害児発達支援事業所
- 所在地：（郵便番号○○○-○○○○）東京都　新宿　区・郡・市　○○　町・村　○-一
- 連絡先：電話番号 03-○○○○-○○○○　FAX番号 03-○○○○-○○○○

管理者
- フリガナ：ヘイヤマ　イチロウ
- 氏名：丙山　一郎
- 住所：（郵便番号○○○-○）東京都新宿区○○町○-一
- 当該事業所の他の職務は同一敷地内の他の事業所又は施設の従業者との兼務（兼務の場合記入）
  - 事業所等の名称：
  - 兼務する職種及び勤務時間等：
- 当該支援の実施について定めてある定款又は条例等
  - 名称：
  - 第○条第○項第○号

併設する施設の名称及び概要
- 名称：
- 概要：

児童発達支援管理責任者
- フリガナ：スズキ　ハナコ
- 氏名：鈴木　花子
- 住所：（郵便番号○○○-○○○○）東京都北区○○町○○-○

従業者の職種・員数

	医師		看護職員		児童指導員		保育士	
	専従	兼務	専従	兼務	専従	兼務	専従	兼務
従業者数　常勤（人）	2		2		2		2	
非常勤（人）	1		1		1		1	
備考								
基準上の必要人数（人）								

	栄養士		調理員		理学療法士又は作業療法士	
	専従	兼務	専従	兼務	専従	兼務
従業者数　常勤（人）					1	
非常勤（人）					1	
備考						
基準上の必要人数（人）						

	児童発達支援管理責任者		機能訓練担当職員	
	専従	兼務	専従	兼務
従業者数　常勤（人）				
非常勤（人）				
備考				
基準上の必要人数（人）				

設備上の配慮点

設置部分等（設置部分を○でかこむ）：（指導訓練室）　屋外訓練場　（相談室）　（調理室）　浴室及び便所の手すり等身体の機能の不自由を助ける設備
＊医療法に規定する診療所として必要な設備を満たしていること

主な掲示事項

営業日	月曜日から金曜日（祝日を除く）
営業時間	9：00～16：00
サービス提供時間（送迎時間を除く）	①10：00～12：00　②13：00～15：00
利用定員	12人（①6人　②6人）
利用料	厚生労働大臣が定める基準による
その他の費用	おやつ代　80円／回
その他参考となる事項	第三者評価の実施状況　している・（していない） 苦情解決の措置概要　窓口（連絡先）管理者　担当者　丙山　一郎 その他
地域の障害児への援助の実施状況	有　・　（無）
多機能型実施の有無	有　・　（無）
添付類	別添のとおり（定款及び登記簿謄本又は条例等、医療法第7条の許可を受けた診療所であることを証する書類、事業所平面図、経歴書、運営規程、障害児等からの苦情を解決するために講ずる措置の概要、勤務体制・形態一覧表、設備・備品等一覧表） 利用者負担の受領等に関する保護者向け資料、内規他参考になるもの　障害児通所給付費の請求に関する事項

（備考）
1.「受付番号」「基準上の必要人数」「基準上の必要値」欄には、記載しないでください。
2. 記入欄が不足する場合は、適宜欄を設けて記載するか又は別葉に記載した書類を添付してください。
3.「併設する施設の名称及び概要」欄には、施設の目的及び提供するサービスの内容等を記載してください。
4.「主な掲示事項」欄には、その内容を簡潔に記載してください。
5.「その他の費用」欄には、入所児又は保護者等に直接金銭の負担を求める場合のサービス内容について記載してください。

（日本工業規格A列4番）

17 放課後等デイサービスの申請手続き

学校教育と連動して障害児をサポートするしくみ

◉ どんな書類を提出するのか

放課後等デイサービスの開始を希望する事業者は、以下の書類を提出します。また、以下の書類の他に、事業開始届（事業計画書・収支予算書を添付する）を提出する必要があることにも注意しなければなりません。

・指定申請書（200ページ）
・指定に係る記載事項（201ページ）

なお、サービスを提供する事業者が受け取る報酬について加算の要件を満たす場合には、障害児（通所・入所）給付費算定に係る体制等に関する届出書、障害児通所・入所給付費の算定に係る体制等状況一覧表を合わせて提出する必要があります。

【添付書類】

・登記事項証明書など
・事業所の平面図、写真・設備の概要

平面図については、実際に事業に供するスペースの面積を記載する必要があります。建物が賃貸の場合は、賃貸借契約書の写しを添付しなければなりません。

・事業所の管理者・児童発達支援管理責任者の経歴書（児童発達支援管理責任者として必要な研修を受講した場合は、研修修了証を添付）
・児童発達支援管理責任者等の資格証の写し（資格要件で必要な場合）
・児童発達支援管理責任者の実務経験書
・児童発達支援管理責任者研修・相談支援従事者初任者研修修了証
・運営規程

・利用者からの苦情を解決するために講じる措置の概要

・申請する事業に関する従事者の勤務の体制・勤務形態一覧表

・従業者の資格証の写し（必要な場合）

・従業者の障害福祉サービスに関する実務経験証明書（必要な場合）

・協力医療機関の名称・診療科名、協力医療機関との契約の内容

・申請する事業に関する資産の状況（貸借対照表、財産目録など）

・就業規則

・児童福祉法が規定する、障害児通所支援事業者の指定を受けることができない事由に該当しないことに関する誓約書

・消防計画

・車検証の写し（送迎を行う場合）

車両がリースの場合、リース契約書も提出する必要があります。

● 書式作成上の注意点

　指定申請書、指定に係る記載事項の書式を作成する際には以下の点に留意します。

書式25　指定申請書

　放課後等デイサービスは、障害児通所支援のひとつですので、申請書の見出しにおいて、「障害児通所支援」を○で囲みます。押印欄には、法人の代表者印を押印します。「事業等の種別」欄には「放課後等デイサービス」と記載して、サービス開始の年月日を記載するとともに「様式」欄には、指定に関する記載事項（付表）を明示する必要があります。

書式26　指定に係る記載事項（放課後等デイサービス）

　放課後等デイサービスにおいては、管理者、児童発達支援管理責任者、児童指導員または保育士、障害福祉サービス経験者の配置が必要です。機能訓練を行う場合には、機能訓練担当職員を配置しなければなりません。

第3章　障害福祉サービス事業の申請手続きと書式　**199**

書式25 障害児通所支援指定申請書

別記
第1号様式(第2条関係)

受付番号 ［　　　　］

（**障害児通所支援**）
指定(更新)申請書
障害児入所支援

2019年 3月 1日

東京都知事　殿

申請者　所在地　東京都渋谷区○○町○-○
（設置者）名　称　社会福祉法人　○○○○
　　　　　代表者　甲野　乙男　㊞(代表者印)

児童福祉法に規定する障害児(通所・入所)支援に係る指定(更新)を受けたいので下記のとおり関係書類を添えて申請します。

申請者（設置者）	フリガナ	シャカイフクシホウジン　○○○○		
	名　称	社会福祉法人　○○○○		
	主たる事務所の所在地	(郵便番号　○○○-○○○○　) 東京都渋谷区○○町○-○		
	法人である場合のその種別	社会福祉法人	法人所轄庁	東京都
	連絡先電話番号	03-○○○○-○○○○	FAX番号	03-○○○○-○○○○
	代表者の職・氏名	職　名　理事長	フリガナ 氏　名	コウノ　オツオ 甲野　乙男
	代表者の住所	(郵便番号　○○○-○○○○　) 東京都大田区○○町○-○		

指定を受けようとする事業等の種類	フリガナ	ホウカゴトウデイサービス　○○○○	
	名　称	放課後等デイサービス　○○○○	
	施設又は事業所の所在地	(郵便番号　○○○-○○○○　) 東京都新宿区○○町○-○	
	事業等の種別	指定申請する事業等の支援開始年月日	様　式
	放課後等デイサービス	2019年5月1日	第4号様式 (付表4)
	同一所在地において行う事業等の種類	事業所番号	

備　考	

(備考)
1　「受付番号」欄には記載しないでください。
2　「法人である場合のその種別」欄には、申請者が法人である場合に、「社会福祉法人」「医療法人」「公益社団法人」「公益財団法人」「一般社団法人」「一般財団法人」「株式会社」「有限会社」等の別を記載してください。
3　「法人所轄庁」欄には、申請者が認可法人である場合に、その主務官庁の名称を記載してください。
4　「同一所在地において行う事業等の種類」欄には、今回申請をするもの及び既に指定を受けているものについて事業の種類を記載してください。
5　「事業所番号」欄には、東京都において既に事業所としての指定を受け、番号が付番されている場合に、その事業所番号を記載してください。複数の番号を有する場合は、適宜様式を補正して、その全てを記載してください。また、今回の指定(更新)申請以外に、既に指定(児童福祉法・自立支援法等)を受けている場合は、別紙にその全てを記載してください。
6　申請する事業等の種類に応じて付表を添付してください。

(日本工業規格A列4番)

書式26 付表4 放課後等デイサービス事業所の指定に係る記載事項

第4号様式

付表4 放課後等デイサービス事業所の指定に係る記載事項

主として通わせる児童の障害の種別（　　　　　　）　　受付番号 □□□□

事業所	フリガナ	ホウカゴトウデイサービス ○○○○				
	名称	放課後等デイサービス ○○○○				
	所在地	(郵便番号 ○○○-○○○○) 東京都　新宿　郡・市 　　　　　区　　　　　○○　　　町・村 ○-○				
	連絡先	電話番号　03-○○○○-○○○○　　FAX番号　03-○○○○-○○○○				
管理者	フリガナ	ヘイヤマ　イチロウ	住所	(郵便番号 ○○○-○○○○) 東京都新宿区○○町○-○		
	氏名	丙山　一郎				
	当該事業所の他の職務又は同一敷地内の他の事業所又は施設の従業者との兼務（兼務の場合記入）	事業所等の名称					
		兼務する職種及び勤務時間等					
	当該支援の実施について定めてある定款又は条例等		第○条第○項第○号				
児童発達支援管理責任者	フリガナ	スズキ　ハナコ	住所	(郵便番号　-　) 東京都北区○○町○-○		
	氏名	鈴木　花子				

従業者の職種・員数			児童指導員		保育士		障害経験者指導員		児童発達支援管理責任者	
			専従	兼務	専従	兼務	専従	兼務	専従	兼務
従業者数	常勤(人)		2				2		1	
	非常勤(人)				1					
備考									
基準上の必要人数(人)									

			機能訓練担当職員		嘱託医		看護職員		その他の従業者	
			専従	兼務	専従	兼務	専従	兼務	専従	兼務
従業者数	常勤(人)		1							
	非常勤(人)									
備考									
基準上の必要人数(人)									

設備	指導訓練室　　㊒ ・ 無

主な掲示事項				
営業日等	平日	学校休業日		
		休日・祝日	長期休暇	
営業日	㊊・㊋・㊌・㊍・㊎	㊏・日・㊗	春・夏・冬	
営業時間	14:00～18:00	10:00～16:30	10:00～16:30	
サービス提供時間 （送迎時間を除く）	14:30～18:00	10:30～16:00	10:30～16:00	
利用定員	15人			
利用料	厚生労働大臣が定める基準による額			
その他の費用	おやつ代 80円/回			
実施サービス	送迎サービス　　㊒ ・ 無			
その他参考となる事項	第三者評価の実施状況	している・していない		
	苦情解決の措置概要	窓口（連絡先）管理者　担当者　丙山　一郎		
	その他				
協力医療機関	名称　○○病院	主な診療科名　内科、外科		
多機能型実施の有無	有 ・ ㊎			
一体的に管理運営される他の事業所				
添付書類	別添のとおり（登記簿謄本又は条例等、事業所平面図、経歴書、運営規程、障害児等からの苦情を解決するために講ずる措置の概要、勤務体制・形態一覧表、設備・備品等一覧表） 利用者負担の受領等に関する保護者向け資料、内規他参考になるもの 障害児通所給付費の請求に関する事項			

(備考)
1.「受付番号」「基準上の必要人数」欄には、記載しないでください。
2. 記入欄が不足する場合は、適宜欄を設けて記載するか又は別葉に記載した書類を添付してください。
3.「併設する施設の名称及び概要」欄には、施設の目的及び提供するサービスの内容等を記載してください。
4.「主な掲示事項」欄には、その内容を簡潔に記載してください。
5.「その他の費用」欄には、保護者等に直接金銭の負担を求める場合のサービス内容について記載してください。

(日本工業規格A列4番)

18 居宅訪問型児童発達支援の申請手続き

外出が困難な障害児をサポートするしくみ

● どんな書類を提出するのか

居宅訪問型児童発達支援の開始を希望する事業者は、以下の書類を提出します。また、以下の書類の他に、事業開始届（事業計画書・収支予算書を添付する）を提出する必要があることにも注意しなければなりません。

・指定申請書（204ページ）

・指定に係る記載事項（205ページ）

なお、サービスを提供する事業者が受け取る報酬について加算の要件を満たす場合には、障害児（通所・入所）給付費算定に係る体制等に関する届出書、障害児通所・入所給付費の算定に係る体制等状況一覧表を合わせて提出する必要があります。

【添付書類】

・登記事項証明書など

・事業所の平面図、写真・設備の概要

平面図については、実際に事業に供するスペースの面積を記載する必要があります。建物が賃貸の場合は、賃貸借契約書の写しを添付しなければなりません。

・事業所の管理者・児童発達支援管理責任者の経歴書（児童発達支援管理責任者として必要な研修を受講した場合は、研修修了証を添付）

・児童発達支援管理責任者等の資格証の写し（資格要件で必要な場合）

・児童発達支援管理責任者の実務経験書

・児童発達支援管理責任者研修・相談支援従事者初任者研修修了証

・運営規程

・利用者からの苦情を解決するために講じる措置の概要

・申請する事業に関する従事者の勤務の体制・勤務形態一覧表

・従業者の資格証の写し（必要な場合）

・従業者の障害福祉サービスに関する実務経験証明書（必要な場合）

・協力医療機関の名称・診療科名、協力医療機関との契約の内容

・就業規則

・児童福祉法が規定する、障害児通所支援事業者の指定を受けることができない事由に該当しないことに関する誓約書

・消防計画

◉ 書式作成上の注意点

　指定申請書、指定に係る記載事項の書式を作成する際には以下の点に留意します。

書式27　指定申請書

　居宅訪問型児童発達支援は、障害児通所支援のひとつですので、申請書の見出しにおいて、「障害児通所支援」を◯で囲みます。押印欄には、法人の代表者印を押印します。「事業等の種別」欄には「居宅訪問型児童発達支援」と記載して、サービス開始の年月日を記載するとともに「様式」欄には、指定に関する記載事項（付表）を明示する必要があります。児童発達支援を同一の事業所で行っている場合には、「同一所在地内において行う事業等の種類」欄に記入します（事業所番号が判明している場合には、障害児発達支援事業に関する事業所番号を記入します）。

書式28　指定に係る記載事項（居宅訪問型児童発達支援）

　居宅訪問型児童発達支援においては、管理者、児童発達支援管理責任者、訪問支援員の配置が必要です。また、専用の区画を確保する必要があることから、「専用の区画」欄の「有」を◯で囲みます。

第3章　障害福祉サービス事業の申請手続きと書式　**203**

書式27 障害児通所支援指定申請書

別記
第1号様式(第2条関係)

受付番号

(障害児通所支援)
指定(更新)申請書
障害児入所支援

2019年3月1日

東京都知事 殿

申請者　　所在地　東京都渋谷区〇〇町〇－〇
(設置者)　名　称　社会福祉法人　〇〇〇〇
　　　　　代表者　甲野　乙男

児童福祉法に規定する障害児(通所・入所)支援に係る指定(更新)を受けたいので下記のとおり関係書類を添えて申請します。

申請者(設置者)	フリガナ	シャカイフクシホウジン　〇〇〇〇		
	名　称	社会福祉法人　〇〇〇〇		
	主たる事務所の所在地	(郵便番号 〇〇〇－〇〇〇〇) 東京都渋谷区〇〇町〇－〇		
	法人である場合その種別	社会福祉法人	法人所轄庁	東京都
	連絡先電話番号	03-〇〇〇〇-〇〇〇〇	FAX番号	03-〇〇〇〇-〇〇〇〇
	代表者の職・氏名	職　名　理事長	フリガナ 氏　名	コウノ　オツオ 甲野　乙男
	代表者の住所	(郵便番号 〇〇〇－〇〇〇〇) 東京都大田区〇〇町〇－〇		

指定を受けようとする事業等の種類	フリガナ	〇〇ショウガイジハッタツシエンジギョウショ	
	名　称	〇〇障害児発達支援事業所	
	施設又は事業所の所在地	(郵便番号 〇〇〇－〇〇〇〇) 東京都新宿区〇〇町〇－〇	
	事業等の種別	指定申請する事業等の支援開始年月日	様　式
	居宅訪問型児童発達支援	2019年5月1日	第6号様式 (付表6)
	同一所在地において行う事業等の種類	事　業　所　番　号	
	児童発達支援	〇〇〇〇〇〇〇〇〇〇	

備　考

(備考)
1 「受付番号」欄には記載しないでください。
2 「法人である場合その種別」欄には、申請者が法人である場合に、「社会福祉法人」「医療法人」「公益社団法人」「公益財団法人」「一般社団法人」「一般財団法人」「株式会社」「有限会社」等の別を記載してください。
3 「法人所轄庁」欄には、申請者が認可法人である場合に、その主務官庁の名称を記載してください。
4 「同一所在地において行う事業等の種類」欄には、今回申請をするもの及び既に指定を受けているものについて事業の種類を記載してください。
5 「事業所番号」欄には、当該指定の指定を受け、番号が付番されている事業所については、その事業所番号を記載してください。複数の番号を有する場合には、適宜様式を補正して、その全てを記載してください。また、今回の指定(更新)申請以外に、既に指定(児童福祉法・自立支援法等)を受けている場合は、別紙にその全てを記載してください。
6 申請する事業等の種類に応じて付表を添付してください。

(日本工業規格A列4番)

書式28 付表6 居宅訪問型児童発達支援事業所の指定に係る記載事項

第6号様式

付表6 居宅訪問型児童発達支援事業所の指定に係る記載事項

| | | 受付番号 | |

事業所	フリガナ	○○ショウガイジハッタツシエンジギョウショ
	名称	○○障害児発達支援事業所
	所在地	(郵便番号○○○-○○○○) 東京都　新宿　郡・市区　○○　町・村　○-○
	連絡先	電話番号　03-○○○○-○○○○　　FAX番号　03-○○○○-○○○○

管理者	フリガナ	ヘイヤマ　イチロウ	住所	(郵便番号○○○-○○○○) 東京都新宿区○○町○-○
	氏名	丙山　一郎		
当該事業所の他の職務又は同一敷地内の他の事業所又は施設の従業者との兼務（兼務の場合記入）	事業所等の名称	
	兼務する職種及び勤務時間等	

当該支援の実施について定めてある定款又は条例等	第○条第○項第○号

児童発達支援管理責任者	フリガナ	スズキ　ハナコ	住所	(郵便番号○○○-○○○○) 東京都北区○○町○-○
	氏名	鈴木　花子		

従業者の職種・員数	訪問支援員		児童発達支援管理責任者	
	専従	兼務	専従	兼務
従業者数　常勤（人）	2	1	2	
非常勤（人）		1		
備考				
基準上の必要人数（人）				

設備	専用の区画	有 ・ 無

主な掲示事項	
営業日	月曜〜金曜日（祝日を除く）
営業時間	サービス提供時間
利用料	10：00〜17：00
その他の費用	厚生労働大臣が定める基準による額
通常の事業の実施地域	
その他参考となる事項	第三者評価の実施状況　している・していない
	苦情解決の措置概要　窓口（連絡先）管理者　担当者　丙山　一郎
	その他

多機能型実施の有無	有 ・ 無

添付書類	別添のとおり（登記簿謄本又は条例等、事業所平面図、経歴書、運営規程、障害児等からの苦情を解決するために講ずる措置の概要、勤務体制・形態一覧表、設備・備品等一覧表、協力医療機関との契約内容がわかるもの） 利用者負担の受領等に関する保護者向け資料、内規他参考になるもの　障害児通所給付費の請求に関する事項

（備考）
1．「受付番号」「基準上の必要人数」欄には、記載しないでください。
2．記入欄が不足する場合は、適宜欄を設けて記載するか又は別葉に記載した書類を添付してください。
3．「主な掲示事項」欄には、その内容を簡潔に記載してください。
4．「その他の費用」欄には、保護者等に直接金銭の負担を求める場合のサービス内容について記載してください。
5．「通常の事業の実施地域」欄には、市町村名を記載することとし、当該区域の全部又は一部の別を記載してください。
なお、一部の地域が実施地域である場合は適宜地図を添付してください。

（日本工業規格A列4番）

第3章　障害福祉サービス事業の申請手続きと書式　205

19 保育所等訪問支援の申請手続き

保育所などの集団生活への適応を目的に行う支援

◉ どんな書類を提出するのか

　保育所等訪問支援の開始を希望する事業者は、以下の書類を提出します。また、以下の書類の他に、事業開始届（事業計画書・収支予算書を添付する）を提出する必要があることにも注意しなければなりません。

・指定申請書（208ページ）

・指定に係る記載事項（209ページ）

　なお、サービスを提供する事業者が受け取る報酬について加算の要件を満たす場合には、障害児（通所・入所）給付費算定に係る体制等に関する届出書、障害児通所・入所給付費の算定に係る体制等状況一覧表を合わせて提出する必要があります。

【添付書類】

・登記事項証明書など

・事業所の平面図、写真・設備の概要

　平面図については、実際に事業に供するスペースの面積を記載する必要があります。建物が賃貸の場合は、賃貸借契約書の写しを添付しなければなりません。

・事業所の管理者・児童発達支援管理責任者の経歴書（児童発達支援管理責任者として必要な研修を受講した場合は、研修修了証を添付）

・児童発達支援管理責任者等の資格証の写し（資格要件で必要な場合）

・児童発達支援管理責任者の実務経験書

・児童発達支援管理責任者研修・相談支援従事者初任者研修修了証

・運営規程

・利用者からの苦情を解決するために講じる措置の概要

・申請する事業に関する従事者の勤務の体制・勤務形態一覧表

・従業者の資格証の写し（必要な場合）

・従業者の障害福祉サービスに関する実務経験証明書（必要な場合）

・申請する事業に関する資産の状況（貸借対照表、財産目録など）

・就業規則

・児童福祉法が規定する、障害児通所支援事業者の指定を受けることができない事由に該当しないことに関する誓約書

・消防計画

◉ 書式作成上の注意点

　指定申請書、指定に係る記載事項の書式を作成する際には以下の点に留意します。

書式29　指定申請書

　保育所等訪問支援は、障害児通所支援のひとつですので、申請書の見出しにおいて、「障害児通所支援」を○で囲みます。押印欄には、法人の代表者印を押印します。「事業等の種別」欄には「保育所等訪問支援」と記載して、サービス開始の年月日を記載するとともに「様式」欄には、指定に関する記載事項（付表）を明示する必要があります。児童発達支援を同一の事業所で行っている場合には、「同一所在地内において行う事業等の種類」欄に記入します（事業所番号が判明している場合には、障害児発達支援事業に関する事業所番号を記入します）。

書式30　指定に係る記載事項（保育所等訪問支援）

　保育所等訪問支援においては、管理者（他の職務と兼務する人がいる場合には、その事業所名も記載する）、児童発達支援管理責任者、訪問支援員の配置が必要です。また、専用の区画を確保する必要があることから、「専用の区画」欄の「有」を○で囲みます。

第3章　障害福祉サービス事業の申請手続きと書式　**207**

書式29 障害児通所支援指定申請書

別記
第1号様式(第2条関係)

受付番号

(障害児通所支援)
指定(更新)申請書
障害児入所支援

2019年3月1日

東京都知事 殿

申請者 所在地 東京都渋谷区○○町○-○
(設置者) 名 称 社会福祉法人 ○○○○
代表者 甲野 乙男 (代表者印)

児童福祉法に規定する障害児(通所・入所)支援に係る指定(更新)を受けたいので下記のとおり関係書類を添えて申請します。

申請者（設置者）	フリガナ	シャカイフクシホウジン ○○○○		
	名 称	社会福祉法人 ○○○○		
	主たる事務所の所在地	(郵便番号 ○○○-○○○○) 東京都渋谷区○○町○-○		
	法人である場合その種別	社会福祉法人	法人所轄庁	東京都
	連絡先電話番号	03-○○○○-○○○○	FAX番号	03-○○○○-○○○○
	代表者の職・氏名	職 名 理事長	フリガナ 氏 名	コウノ オツオ 甲野 乙男
	代表者の住所	(郵便番号 ○○○-○○○○) 東京都大田区○○町○-○		
指定を受けようとする事業等の種類	フリガナ	○○ショウガイジハッタツシエンジギョウショ		
	名 称	○○障害児発達支援事業所		
	施設又は事業所の所在地	(郵便番号 ○○○-○○○○) 東京都新宿区○○町○-○		
	事業等の種別	指定申請する事業等の支援開始年月日		様 式
	保育所等訪問支援	2019年5月1日		第5号様式 (付表5)
	同一所在地において行う事業等の種類	事 業 所 番 号		
	児童発達支援	○○○○○○○○○○		
	備 考			

(備考)
1 「受付番号」欄には記載しないでください。
2 「法人である場合の種別」欄には、申請者が法人である場合に、「社会福祉法人」「医療法人」「公益社団法人」「公益財団法人」「一般社団法人」「一般財団法人」「株式会社」「有限会社」等の別を記載してください。
3 「法人所轄庁」欄には、申請者が認可法人である場合に、その主務官庁の名称を記載してください。
4 「同一所在地において行う事業等の種類」欄には、今回申請をするもの及び既に指定を受けているものについて事業の種類を記載してください。
5 「事業所番号」欄には、東京都において既に事業所としての指定を受け、番号が付番されている場合に、その事業所番号を記載してください。複数の番号を有する場合には、適宜様式を補正して、その全てを記載してください。また、今回の指定(更新)申請以外に、既に指定(児童福祉法・自立支援法等)を受けている場合は、別紙にその全てを記載してください。
6 申請する事業等の種類に応じて付表を添付してください。

(日本工業規格A列4番)

書式30 付表5 保育所等訪問支援事業所の指定に係る記載事項

第5号様式

付表5 保育所等訪問支援事業所の指定に係る記載事項

受付番号 _____

事業所	フリガナ	○○ショウガイジハッタツシエンジギョウショ		
	名称	○○障害児発達支援事業所		
	所在地	(郵便番号○○○-○○○○) 新宿 区・郡・市 ○○ 町・村 ○-○		
	連絡先	電話番号 03-○○○○-○○○○	FAX番号	03-○○○○-○○○○

管理者	フリガナ	ヘイヤマ イチロウ	住所	(郵便番号○○○-○○○○) 東京都新宿区○○町○-○
	氏名	丙山 一郎		
当該事業所の他の職務又は同一敷地内の他の事業所又は施設の従業者との兼務(兼務の場合記入)	事業所等の名称			
	兼務する職種及び勤務時間等			

当該支援の実施について定めてある定款又は条例等　　第○条第○項第○号

児童発達支援管理責任者	フリガナ	スズキ ハナコ	住所	(郵便番号○○○-○○○○) 東京都北区○○町○-○
	氏名	鈴木 花子		

従業者の職種・員数		訪問支援員		児童発達支援管理責任者	
		専従	兼務	専従	兼務
従業者数	常勤(人)	2	1	2	
	非常勤(人)		1		
備考				
基準上の必要人数(人)				

設備	専用の区画	(有) ・ 無

主な掲示事項

営業日	月曜日～金曜日 (祝日を除く)	
営業時間	9:00～17:00	
サービス提供時間	9:30～16:30	
利用料	厚生労働大臣が定める基準による額	
その他の費用	無	
通常の事業の実施地域		
その他参考となる事項	第三者評価の実施状況	している・(していない)
	苦情解決の措置概要	窓口(連絡先) 管理者　担当者 丙山 一郎
	その他	
多機能型実施の有無	(有) ・ 無	
添付書類	別添のとおり(登記簿謄本又は条例等、事業所平面図、経歴書、運営規程、障害児等からの苦情を解決するために講ずる措置の概要、勤務体制・形態一覧表、設備・備品等一覧表) 利用者負担の受領等に関する保護者向け資料、内規他参考になるもの　障害児通所給付費の請求に関する事項	

(備考)
1. 「受付番号」「基準上の必要人数」欄には、記載しないでください。
2. 記入欄が不足する場合は、適宜欄を設けて記載するか又は別葉に記載した書類を添付してください。
3. 「主な掲示事項」欄には、その内容を簡潔に記載してください。
4. 「その他の費用」欄には、保護者等に直接金銭の負担を求める場合のサービス内容について記載してください。
5. 「通常の事業の実施地域」欄には、市町村名を記載することとし、当該区域の全部又は一部の別を記載してください。なお、一部の地域が実施地域である場合は適宜地図を添付してください。

(日本工業規格A列4番)

20 入所支援の申請手続き

障害児を施設に受け入れてサポートするしくみ

● どんな書類を提出するのか

入所支援の開始を希望する事業者は、以下の書類を提出します。以下の書類の他に、児童福祉施設設置許可申請書（事業計画書・収支予算書を添付する）を提出する必要があることにも注意しなければなりません。

なお、入所支援については、福祉型障害児入所施設と医療型障害児入所施設に大別されますので、それぞれの書式を掲載していますが、ここでは共通部分を示すとともに、一方のみに必要な書類がある場合には、そのことを明示しています。

・指定申請書（212ページ）

・指定に係る記載事項（213ページ）

また、サービスを提供する事業者が受け取る報酬について加算の要件を満たす場合には、障害児（通所・入所）給付費算定に係る体制等に関する届出書、障害児通所・入所給付費の算定に係る体制等状況一覧表を合わせて提出する必要があります。

【添付書類】

・定款・寄付行為、登記事項証明書など

・建物の構造概要、平面図、設備の概要

・事業所の管理者・児童発達支援管理責任者の経歴書（児童発達支援管理責任者として必要な研修を受講した場合は、研修修了証を添付）

・児童発達支援管理責任者の実務経験書

・児童発達支援管理責任者研修・相談支援従事者初任者研修修了証

・運営規程

・利用者からの苦情を解決するために講じる措置の概要

・申請する事業に関する従事者の勤務の体制・勤務形態

・【福祉型障害児入所施設のみ】

　　協力医療機関の名称・診療科名、その協力医療機関との契約内容

・【医療型障害児入所施設のみ】

　　医療法7条の許可を受けた病院であることを証明する書類

・申請する事業に関する資産の状況（貸借対照表、財産目録など）

・就業規則

・児童福祉法が規定する、障害児入所支援事業者の指定を受けることができない事由に該当しないことに関する誓約書および役員名簿

● 書式作成上の注意点

　指定申請書、指定に係る記載事項の書式を作成する際には以下の点に留意します。

書式31　書式33　指定申請書

　福祉型障害児入所施設、医療型障害児入所施設ともに、障害児入所支援のひとつですので、申請書の見出しにおいて、「障害児入所支援」を○で囲みます。押印欄には、法人の代表者印を押印します。「事業等の種別」欄にはそれぞれ、「福祉型障害児入所施設」あるいは「医療型障害児入所施設」と記載して、サービス開始の年月日を記載するとともに「様式」欄には、指定に関する記載事項（付表）を明示する必要があります。

書式32　書式34　指定に係る記載事項（福祉型／医療型障害児入所施設）

　入所支援においては、管理者、児童発達支援管理責任者などの他、福祉型、医療型の区別に応じて、医師や看護師などの人員を配置する必要があります。また、設備基準として、居室、調理室、浴室などの設置が必要であり、「設置部分等」欄に設けた設備について○印で囲む必要があります。

第3章　障害福祉サービス事業の申請手続きと書式　**211**

書式31　障害児入所支援指定申請書

別記
第1号様式(第2条関係)

受付番号 ☐

障害児通所支援
指定(更新)申請書
(障害児入所支援)

2019 年 3 月 1 日

東京都知事　殿

申請者　所在地　東京都渋谷区○○町○-○
(設置者)　名　称　社会福祉法人　○○○○
　　　　　代表者　甲野　乙男　㊞(代表者印)

児童福祉法に規定する障害児(通所・入所)支援に係る指定(更新)を受けたいので下記のとおり関係書類を添えて申請します。

申請者 (設置者)	フリガナ	シャカイフクシホウジン　○○○○		
	名　称	社会福祉法人　○○○○		
	主たる事務所の所在地	(郵便番号　○○○-○○○○) 東京都渋谷区○○町○-○		
	法人である場合その種別	社会福祉法人	法人所轄庁	東京都
	連絡先電話番号	03-○○○○-○○○○	FAX番号	03-○○○○-○○○○
	代表者の職・氏名	職　名　理事長	フリガナ 氏　名	コウノ　オツオ 甲野　乙男
	代表者の住所	(郵便番号　○○○-○○○○) 東京都大田区○○町○-○		
指定を受けようとする事業等の種類	フリガナ	フクシガタショウガイジニュウショシセツ　○○○○		
	名　称	福祉型障害児入所施設　○○○○		
	施設又は事業所の所在地	(郵便番号　○○○-○○○○) 東京都新宿区○○町○-○		
	事業等の種別	指定申請する事業等の支援開始年月日		様　式
	福祉型障害児入所施設	2019年5月1日		第8号様式 (付表8)
	同一所在地において行う事業等の種類		事業所番号	
	備　考			

(備考)
1　「受付番号」欄には記載しないでください。
2　「法人である場合その種別」欄には、申請者が法人である場合に、「社会福祉法人」「医療法人」「公益社団法人」「公益財団法人」「一般社団法人」「一般財団法人」「株式会社」「有限会社」等の別を記載してください。
3　「法人所轄庁」欄には、申請者が認可法人である場合に、その主務官庁の名称を記載してください。
4　「同一所在地において行う事業等の種類」欄には、今回申請をするもの及び既に指定を受けているものについて事業の種類を記載してください。
5　「事業所番号」欄には、東京都において既に事業所としての指定を受け、番号が付番されている場合に、その事業所番号を記載してください。複数の番号を有する場合は、適宜様式を補正して、その全てを記載してください。また、今回の指定(更新)申請以外に、既に指定(児童福祉法・自立支援法等)を受けている場合は、別紙にその全てを記載してください。
6　申請する事業等の種類に応じて付表を添付してください。

(日本工業規格A列4番)

書式32 付表8 障害児入所支援（福祉型障害児入所施設）の指定に係る記載事項

様式第8号

付表8　障害児入所支援（福祉型障害児入所施設）の指定に係る記載事項

主として入所させる児童の障害の種別
（　　　　　　　　　　　　　）

| | | | 受付番号 | |

施設	フリガナ	フクシガタショウガイニュウショシセツ ○○○○
	名称	福祉型障害児入所施設 ○○○○
	所在地	（郵便番号○○○－○○○○） 東京都　　新宿　　　郡・市 ○○　　　　町・村　○－○ 区
	連絡先	電話番号　03－○○○○－○○○○　　　　FAX番号　03－○○○○－○○○○

管理者	フリガナ	ヘイヤマ　イチロウ	住所	（郵便番号○○○－○○○○）
	氏名	丙山　一郎		東京都新宿区○○町○－○

当該支援の実施について定めてある定款又は条例等	第○条第○項第○号

併設する施設の名称及び概要	名称	
	概要	

児童発達支援管理責任者	フリガナ	スズキ　ハナコ	住所	（郵便番号○○○－○○○○）
	氏名	鈴木　花子		東京都北区○○町○－○

従業者の職種・員数

		医師		看護職員		児童指導員		保育士	
		専従	兼務	専従	兼務	専従	兼務	専従	兼務
従業者数	常勤（人）	2		1		2		1	
	非常勤（人）					1			
備考									
基準上の必要人数（人）									

		栄養士		調理員		児童発達支援管理責任者		心理指導担当職員	
		専従	兼務	専従	兼務	専従	兼務	専従	兼務
従業者数	常勤（人）	1		1		1			
	非常勤（人）								
備考									
基準上の必要人数（人）									

		職業指導員	
		専従	兼務
従業者数	常勤（人）		
	非常勤（人）		
備考			
基準上の必要人数（人）			

設備上の配慮点	
設置部分等 （設置部分を○でかこむ）	⦿居室　⦿調理室　⦿浴室　⦿便所　⦿医務室　⦿静養室 職業指導に必要な設備　遊戯室　訓練室　音楽に関する設備 身体の機能の不自由を助ける設備　映像に関する設備 屋外訓練場

設備基準上の数値記載項目等

			基準上の必要値
居室	1室の最大定員	2人	人以下
	入所児1人当たりの最小床面積	5㎡	㎡

主な掲示事項

入所定員	15人		
利用料	厚生労働大臣が定める基準による額		
その他の費用	無し		
その他参考となる事項	第三者評価の実施状況	している・⦿していない	
	苦情解決の措置概要	窓口（連絡先）　管理者	担当者　丙山　一郎
	その他		
協力医療機関	名称	○○病院	主な診療科名　内科、外科
協力歯科医療機関	名称	○○歯科医院	

添付書類	別添のとおり（登記簿謄本又は条例等、建物の構造概要及び平面図、経歴書、運営規程、障害児等からの苦情を解決するために講ずる措置の概要、勤務体制・形態一覧表、設備・備品等一覧表、協力医療機関との契約内容がわかるもの） 契約制度導入に伴い利用者負担の受領等に関する保護者向け資料、内規他参考になるもの　障害児入所給付費の請求に関する事項

（備考）
1. 「受付番号」「基準上の必要人数」「基準上の必要値」欄には、記載しないでください。
2. 記入欄が不足する場合は、適宜欄を設けて記載するか又は別紙に記載した書類を添付してください。
3. 「併設する施設の名称及び概要」欄には、施設の目的及び提供するサービスの内容等を記載してください。
4. 「主な掲示事項」欄には、その内容を簡潔に記載してください。
5. 「その他の費用」欄には、入所児童又は保護者等に直接金銭の負担を求める場合のサービス内容について記載してください。

（日本工業規格A列4番）

第3章　障害福祉サービス事業の申請手続きと書式　213

書式33 障害児入所支援指定申請書

別記
第1号様式(第2条関係)

受付番号 _____

障害児通所支援
指定(更新)申請書
(障害児入所支援)

2019年3月1日

東京都知事 殿

申請者　所在地　東京都渋谷区○○町○-○
(設置者)　名　称　社会福祉法人　○○○○
　　　　　代表者　甲野　乙男　(代表者印)

児童福祉法に規定する障害児(通所・入所)支援に係る指定(更新)を受けたいので下記のとおり関係書類を添えて申請します。

申請者(設置者)	フリガナ	シャカイフクシホウジン　○○○○		
	名　称	社会福祉法人　○○○○		
	主たる事務所の所在地	(郵便番号　○○○-○○○○) 東京都渋谷区○○町○-○		
	法人である場合その種別	社会福祉法人	法人所轄庁	東京都
	連絡先電話番号	03-○○○○-○○○○	FAX番号	03-○○○○-○○○○
	代表者の職・氏名	職　名　理事長	フリガナ 氏　名	コウノ　オツオ 甲野　乙男
	代表者の住所	(郵便番号　○○○-○○○○) 東京都大田区○○町○-○		

指定を受けようとする事業等の種類	フリガナ	イリョウガタショウガイジニュウショシセツ　○○○○	
	名　称	医療型障害児入所施設　○○○○	
	施設又は事業所の所在地	(郵便番号　○○○-○○○○) 東京都新宿区○○町○-○	
	事業等の種別	指定申請する事業等の支援開始年月日	様　式
	医療型障害児入所施設	2019年5月1日	第9号様式(付表9)
	同一所在地において行う事業等の種類	事業所番号	
	備　考		

(備考)
1 「受付番号」欄には記載しないでください。
2 「法人である場合その種別」欄には、申請者が法人である場合に、「社会福祉法人」「医療法人」「公益社団法人」「公益財団法人」「一般社団法人」「一般財団法人」「株式会社」「有限会社」等の別を記載してください。
3 「法人所轄庁」欄には、申請者が認可法人である場合に、その主務官庁の名称を記載してください。
4 「同一所在地において行う事業等の種類」欄には、今回申請をするもの及び既に指定を受けているものについて事業の種類を記載してください。
5 「事業所番号」欄には、東京都において既に事業所としての指定を受け、番号が付番されている場合に、その事業所番号を記載してください。複数の番号を有する場合には、適宜様式を補正して、その全てを記載してください。また、今回の指定(更新)申請以外に、既に指定(児童福祉法・自立支援法等)を受けている場合は、別紙にその全てを記載してください。
6 申請する事業等の種類に応じて付表を添付してください。

(日本工業規格A列4番)

書式34 付表9 障害児入所支援(医療型障害児入所施設)の指定に係る記載事項

様式第9号

付表9 障害児入所支援(医療型障害児入所施設)の指定に係る記載事項

主として入所させる児童の障害の種別
(　　　　　　　　　　　)

受付番号　　　　　　　

施設	フリガナ	イリョウガタショウガイジニュウショシセツ○○○○			
	名称	医療型障害児入所施設○○○○			
	所在地	(郵便番号 ○○○-○○○○) 東京都 新宿 郡・市 ○○ ㊞町村 ○-○			
	連絡先	電話番号 03-○○○○-○○○○	FAX番号	03-○○○○-○○○○	
管理者	フリガナ	ヘイヤマ イチロウ	住所	(郵便番号 ○○○-○○○○)	
	氏名	丙山 一郎		東京都新宿区○○町○-○	

当該支援の実施について定めてある定款又は条例等　　第○○条○項第○号

併設する施設の名称及び概要	名称	
	概要	

児童発達支援管理責任者	フリガナ	スズキ ハナコ	住所	(郵便番号○○○-○○○○)
	氏名	鈴木 花子		東京都北区○○町○-○

従業者の職種・員数

		医師		看護師		児童指導員		保育士	
		専従	兼務	専従	兼務	専従	兼務	専従	兼務
従業者数	常勤(人)	2		2		1		1	
	非常勤(人)	1		1					
備考									
基準上の必要人数(人)									

		心理指導担当職員		理学療法士又は作業療法士		児童発達支援管理責任者		職業指導員	
		専従	兼務	専従	兼務	専従	兼務	専従	兼務
従業者数	常勤(人)	1		1					
	非常勤(人)								
備考									
基準上の必要人数(人)									

従業者数	常勤(人)								
	非常勤(人)								
備考									
基準上の必要人数(人)									

設備上の配慮点

設置部分等 (該当部分を○でかこむ)	㊥練室　㊥浴室　㊥作業室　㊥屋外訓練場　㊥ギプス室 特殊工芸の作業を指導するのに必要な設備　義肢装具を製作する設備 身体の機能の不自由を助ける設備 ＊医療法に規定する病院として必要な設備を設けてあること

主な掲示事項

入所定員	15 人
利用料	厚生労働大臣が定める基準による額
その他の費用	無し
その他参考となる事項	第三者評価の実施状況　している・㊥ていない 苦情解決の措置概要　窓口(連絡先) 管理者　担当者 丙山 一郎 その他
協力歯科医療機関	名称　○○歯科医院
添付書類	別添のとおり(登記簿謄本又は条例等、医療法第7条の許可を受けた病院であることを証する書類、建物の構造概要及び平面図、経歴書、運営規程、障害児等からの苦情を解決するために講ずる措置の概要、勤務体制・形態一覧表、設備・備品等一覧表) 契約制度導入に伴い利用者負担の受領に関する保護者向け資料、内規等参考になるもの　障害児施設給付費の請求に関する事項

(備考)
1.「受付番号」「基準上の必要人数」欄には、記載しないでください。
2. 記入欄が不足する場合は、適宜欄を設けて記載するか又は別葉に記載した書類を添付してください。
3.「併設する施設の名称及び概要」欄には、施設の目的及び提供するサービスの内容等を記載してください。
4.「主な掲示事項」欄には、その内容を簡潔に記載してください。
5.「その他の費用」欄には、入所児又は保護者等に直接金銭の負担を求める場合のサービス内容について記載してください。

(日本工業規格A列4番)

21 その他障害児の相談支援の申請手続き

障害児通所支援の利用に関する相談や各種サポートを行う

◉ どんな書類を提出するのか

　障害児の相談支援の開始を希望する事業者は、以下の書類を提出します。

・指定申請書（218ページ）

・指定に係る記載事項（219ページ）

　相談支援に関する届出は、都道府県ではなく、市町村などに対して行うことになります。書式35、36では、東京都（台東区）の例を掲載していますので、台東区に対して届け出るための書式になっています。

　上記書類の他に、事業開始届（事業計画書・収支予算書を添付する）を提出する必要があることにも注意しなければなりません。ただし、事業開始届は都道府県に対して届け出る必要があるため、台東区に対して申請書などを届け出る一方で、東京都に対しても事業開始届の提出が必要になりますので、注意が必要です。

【添付書類】

・申請者の定款、寄付行為など

・登記事項証明書など

・事業所の平面図（事務室・相談室が確認できることが必要）

・備品等一覧表

・事業所の管理者・相談支援専門員の経歴書

・実務経験証明書・実務経験見込み証明書

・相談支援従事者研修修了証

　相談支援従事者一日研修を受講した人は、障害者ケアマネジメント研修の修了証も添付する必要があります。

・従業者全員の資格証などの写し

・運営規程

・利用者からの苦情を解決するために講じる措置の概要

・主たる対象者を特定する理由書（主たる対象者を特定する場合）

・申請する事業に関する従事者の勤務の体制・勤務形態一覧表

・申請する事業に関する資産の状況（貸借対照表、財産目録等）

・就業規則

・指定特定相談支援事業者の指定に関する誓約書

・指定障害児相談支援事業者の指定に関する誓約書

・役員等名簿

● 書式作成上の注意点

　指定申請書、指定に係る記載事項の書式を作成する際には以下の点に留意します。

書式35　指定申請書

　障害児の相談支援事業については、障害福祉サービスとのつながりを密接にする必要があることから、障害福祉サービスにおける、指定特定相談支援事業者に関する申請書と共通の書式になっています。また、事業者も、指定特定相談支援事業者と指定障害児支援事業者の両方の申請を行うのが通常であるため、「指定（更新）を受けようとする事業の種類」欄において、「指定特定相談支援事業」欄と「障害児支援事業」欄の両方に○印を付ける必要があります。押印欄には、法人の代表者印を押印します。

書式36　指定に係る記載事項（障害児相談支援）

　障害児の相談事業においては、管理者、相談支援専門員などの配置が必要です。常勤・非常勤を区別の上で配置人員の人数を記載します。また、相談の対象である障害を特定する場合には、「事業の主たる対象とする障害の種類の定めの有無」欄の「有」を○で囲みます。

第3章　障害福祉サービス事業の申請手続きと書式　**217**

書式35 指定申請書

第1号様式（第2条関係）

受付番号 ｜　　　｜

指定特定相談支援事業者
指定障害児相談支援事業者　指定申請書

2019年 3月 1日

台東区長　殿

申請者　　所在地　東京都台東区○○町○-○
（設置者）名　称　社会福祉法人　○○○○
　　　　　代表者　甲野　乙男　（代表者印）

障害者の日常生活及び社会生活を総合的に支援するための法律に規定する指定特定相談支援事業者及び児童福祉法に規定する指定障害児相談支援事業者に係る指定を受けたいので、次のとおり、関係書類を添えて申請します。

<table>
<tr><td rowspan="7">申請者（設置者）</td><td colspan="2">フリガナ</td><td colspan="4">シャカイフクシホウジン　○○○○</td></tr>
<tr><td colspan="2">名　称</td><td colspan="4">社会福祉法人　○○○○</td></tr>
<tr><td colspan="2" rowspan="2">主たる事務所の所在地</td><td colspan="4">（郵便番号　　○○○-○○○○　）
東京都台東区○○町○-○</td></tr>
<tr><td colspan="4">（方書）</td></tr>
<tr><td colspan="2">法人である場合その種別</td><td>社会福祉法人</td><td>法人所轄庁</td><td colspan="2">東京都</td></tr>
<tr><td>連絡先</td><td>電話番号</td><td>03-○○○○-○○○○</td><td>FAX番号</td><td colspan="2">03-○○○○-○○○○</td></tr>
<tr><td colspan="2">代表者の職名・氏名</td><td>職　名
理事長</td><td>フリガナ
氏　名</td><td colspan="2">コウノ　オツオ
甲野　乙男</td></tr>
<tr><td colspan="3" rowspan="2">代表者の住所</td><td colspan="4">（郵便番号　　○○○-○○○○　）
東京都大田区○○町○-○</td></tr>
<tr><td colspan="4">（方書）</td></tr>
<tr><td rowspan="5">指定を受けようとする事業の種類</td><td colspan="2">フリガナ</td><td colspan="4">ソウダンシエンステーション　○○○○</td></tr>
<tr><td colspan="2">名　称</td><td colspan="4">相談支援ステーション　○○○○</td></tr>
<tr><td colspan="2" rowspan="2">事業所の所在地</td><td colspan="4">（郵便番号　　○○○-○○○○　）
東京都台東区○○町○-○</td></tr>
<tr><td colspan="4">（方書）</td></tr>
<tr><td colspan="2">事業の種類</td><td>実施事業</td><td>指定申請する事業の事業開始予定年月日</td><td>様式</td><td>備　考</td></tr>
<tr><td colspan="3">特定相談支援事業</td><td>○</td><td>2019年5月1日</td><td>付表</td><td></td></tr>
<tr><td colspan="3">障害児相談支援事業</td><td>○</td><td>2019年5月1日</td><td>付表</td><td></td></tr>
</table>

既に特定相談支援事業の指定を受けている場合は記載してください。

事業所番号		指定年月日	

既に地域相談支援事業（地域移行支援）の指定を受けている場合は記載してください。

事業所番号		指定年月日	

既に地域相談支援事業（地域定着支援）の指定を受けている場合は記載してください。

事業所番号		指定年月日	

介護保険法の居宅介護支援事業の指定を受けている場合は記載してください。

事業所番号		指定年月日	

介護保険法の介護予防支援事業の指定を受けている場合は記載してください。

事業所番号		指定年月日	

備考
1　「受付番号」欄には記載しないでください。
2　「法人である場合その種別」欄には、「社会福祉法人」「医療法人」「社団法人」「財団法人」「株式会社」「有限会社」等の別を記載してください。
3　「法人所轄庁」欄には、申請者が認可法人である場合に、その主務官庁の名称を記載してください。
4　「実施事業」欄には、今回申請する相談支援事業の種類に「○」を記載してください。
5　「障害児相談支援事業」の指定を申請する場合は、原則として「特定相談支援事業」も併せて申請すること。

書式36 付表 指定に係る記載事項

付表　指定特定相談支援事業者及び指定障害児相談支援事業者の指定に係る記載事項

受付番号　[　　　　]

事業所	名称	相談支援ステーション　〇〇〇〇		
	所在地	(郵便番号 〇〇〇-〇〇〇〇) 東京都台東区〇〇町〇-〇		
	連絡先	電話番号　03-〇〇〇〇-〇〇〇〇	FAX番号　03-〇〇〇〇-〇〇〇〇	

当該事業について定めてある定款・寄付行為等の条文　　第〇条第〇項第〇号

管理者	フリガナ	ヘイヤマ　イチロウ	住所	(郵便番号 〇〇〇-〇〇〇〇) 東京都新宿区〇〇町〇-〇
	氏名	丙山　一郎		
	生年月日	〇〇〇〇年〇〇月〇〇日		
	当該事業所における相談支援専門員との兼務の有無			有・㊀無
	他の事業所又は施設の従業者との兼務(以下、有の場合記載)			有・㊀無
	事業所の名称		兼務する職種	
	事業の種類		勤務時間	

従業者の職種・人員数		相談支援専門員		その他の者	
		専従	兼務	専従	兼務
	常勤(人)	2	0	1	0
	非常勤(人)	0	0	1	0
	常勤換算後の人数(人)				
	他の事業所又は施設の従業者との兼務(有の場合、別紙に記載)				有・㊀無

具体的な方法	総合的な相談支援の実施体制	事業の主たる対象とする障害の種類の定めの有無	有・㊀無
		主たる対象としていない者への対応体制	
		医療機関や行政との連携体制	
		計画的な研修又は当該事業所における事例の検討等を行う体制	

主な掲示事項	営業日	月曜日～金曜日（祝日を除く）
	営業時間	9:00～17:00
	主たる対象者	㊀特定無し・身体障害者・知的障害者・精神障害者・障害児・難病等対象者
	その他の費用	通常の事業実施地域以外の交通費
	通常の事業実施地域	台東区、渋谷区、新宿区
添付書類		別添のとおり(定款及び登記簿本又は条例等、事業所の平面図、運営規程、経歴書、入所者からの苦情を解決するために講ずる措置の概要、勤務体制・形態一覧表、資産状況(貸借対照表・財産目録等))

(備考)
1. 特定相談支援事業と障害児相談支援事業の両方の指定を申請する場合についても、本様式1枚にまとめて提出してください。
2. 「受付番号」欄は、記入しないでください。
3. 「兼務」については、指定特定相談支援事業所、指定障害児相談支援事業所、指定一般相談支援事業所との兼務を除く。
4. 「総合的な相談支援の実施体制の具体的な方法」については、具体的な内容について記載する他、それぞれ根拠となる書類も提出してください。
また、「主たる対象としていない者への対応体制」については、「事業の主たる対象とする障害の種類の定めの有無」が有の場合に記載すること。
5. 「主な掲示事項」については、本欄の記載を省略し、別途資料として添付して差し支えありません。
6. 記入欄が不足する場合は、適宜欄を設けて記載するか又は別紙に記載した書類を添付してください。

第3章　障害福祉サービス事業の申請手続きと書式

Column

工賃って何？

　「工賃」と聞くと、工作・加工などの手間賃のことを考えるかもしれません。ここでの工賃とは、就労継続支援B型での作業を通して、障害者が得られる賃金のことをいいます。

　就労継続支援は、障害者に活動の機会を提供することや就労に必要な知識や能力の取得訓練という目的があります。就労継続支援は、作業を通して、達成感ややりがいを得る場だといえます。就労継続支援B型は、就労継続支援A型と異なり、事業所と障害者の間で雇用契約を締結しないため、最低賃金法による最低賃金の規制が及ばず、最低賃金を下回り、工賃が非常に安くなることがありました。自立に向けた生活を考えると、達成感ややりがいだけでなく労働の対価として金銭を得ることも重要です。そこで、工賃を向上させるための取り組みがなされています。

　工賃向上の取り組みは、2007年からなされています。2007年から2011年の「工賃倍増5か年計画」、2012年から2014年の「工賃向上計画」です。そして、2018年から2020年を対象とした新たな工賃向上計画による取り組みがなされています。

　新たな工賃向上計画の主な内容としては、都道府県はもちろん、特別な事情がない限り、個々の事業所にも工賃向上計画を作成することが挙げられます。これは、各事業所に工賃向上に向けて積極的な取り組みを促すためになされています。

　また、工賃の向上には、各事業所の努力だけでなく、地域全体による支援が重要です。そのため、市町村においても工賃向上への事業所の取り組みを積極的に支援するようにしています。さらに、障害者部局だけなく、他の部局とも連携をとり、障害者の就労機会の拡大を図るとしています。

第4章

知っておきたい！
障害者をサポートする
制度

1 成年後見制度とはどんな制度なのか

判断能力の衰えた人の保護と尊重を考えた制度である

● 判断能力が不十分な人を助ける制度である

　成年後見制度とは、精神上の障害が理由で判断能力が不十分な人が経済的な不利益を受けることがないように、支援してくれる人（成年後見人等と呼ばれます）をつける制度です。精神上の障害とは、知的障害や精神障害、認知症などです。

　障害者の生活の支援という意味でも成年後見制度は重要な役割を果たしています。とくに、2012年4月からは障害者への成年後見制度の活用を助成する成年後見制度利用支援事業が、市区町村が行う地域生活支援事業（21ページ）の必須事業とされており、今後は障害者に対する成年後見制度の活用が期待されています。

　成年後見制度を利用できる人は、精神上の障害によって判断能力がない人や不十分な人です。原則として、判断能力がない人の場合には後見、判断能力が不十分な人の場合には保佐や補助の制度を利用することになります。精神上の障害によることがこの制度を利用する条件となっていますから、身体上の障害がある人は、この制度の対象とはなりません（身体上の障害に加えて精神上の障害もある場合は別です）。

　成年後見制度の申立は誰でもできるわけではなく、本人やその配偶者、本人の四親等内の親族、市町村長などに限られています。たとえば身内のいない高齢者が、自分で成年後見制度を利用するかどうかの判断ができない状態だった場合、本人に代わって市町村長が申立を行うことができます。

● 成年後見制度の種類について

　成年後見制度は、法定後見制度と任意後見制度からなります。法定後見とは、民法など法律に基づき、家庭裁判所が選任する者がサポートを行う、成年後見、保佐、補助に関する制度です。家庭裁判所が後見人等を選任する際には、本人の心身や生活、財産の状況も考慮します。成年後見人等の候補者の仕事や本人との利害関係の有無など、さまざまな事情を考慮した上で、最終的に成年後見人等が選ばれます。任意後見とは、将来、自分の判断能力が衰えたときのために、受けたい支援の内容と、支援をしてくれる任意後見人（任意後見受任者）を決めておき、あらかじめ公正証書による契約をしておく制度です。支援は、不動産の売買などの財産管理や介護サービス利用時の手続きと契約などについてなされます。将来本人の判断能力が不十分になったときに、任意後見人（任意後見受任者）などが家庭裁判所に申立を行うことで、任意後見が開始されます。

　法定後見制度と任意後見制度のどちらの制度を利用したらよいかについては、判断能力が衰える前に利用するのか、衰えた後に利用するのか、という基準で考えることができます。

・判断能力が衰える前

　法定後見制度を利用することはできません。任意後見制度を利用することになります。任意後見制度を利用して、将来のために自分を支援してくれる人を定めておいたり、支援してもらう内容をあらかじめ決めておくのです。

・判断能力が衰えた後

　法定後見制度を利用することになります。法定後見制度は、すでに精神上の障害がある場合に利用できる制度です。

　なお、どのようなタイミングであっても、日用品の購入や日常生活に関する行為については、本人が単独で行うことができます。

第4章　知っておきたい！　障害者をサポートする制度　　**223**

2 法定後見制度の内容を知っておこう

本人の保護の程度で利用する制度を選ぶことができる

● 法定後見制度とは

　精神上の障害などの理由によって本人の判断能力が不十分となったときに、親族などの申立てで本人を支援するために利用される制度が法定後見制度です。本人を支援する成年後見人等の選任を家庭裁判所に対して求めると、家庭裁判所は、成年後見人等を選任します。

　家庭裁判所に選任された成年後見人等が本人を支援する内容は、「後見」「保佐」「補助」の３つの類型に分かれています。

● 後見について

　後見の対象となるのは、精神上の障害によりほとんど判断能力のない人です。つまり、自分の財産を管理したり、処分したりすることが全くできない状態にある人です。こうした状態にある人を支援する制度が後見で、支援する人を成年後見人といいます。

　成年後見人は、日常生活に関する行為を除いたすべての法律行為を代理して行います。また、成年後見人は、本人が行った法律行為を、必要に応じて取り消すことができます。

● 保佐について

　保佐の対象となる人は、精神上の障害によって判断能力が著しく不十分な人です。具体的には、日常生活で行う買物などは自分の判断で行えるが、重要な財産行為については、適切な判断を自分で下すことが難しいという人です。重要な財産行為とは、たとえば、家や土地、車などの高額な物の売買や、お金の貸し借り、保証人になるといった

行為です。このような場合に、常に誰かの手助けを得る必要がある人を、支援する人が保佐人です。

　保佐人は成年後見人とは異なり、通常は代理権を持っていません。ただ、家庭裁判所への申立時に、保佐人に代理権を認める法律行為をあらかじめ選んで申請しその申請が認められた場合には、その特定の法律行為についての代理権を持つことができます。

● 補助について

　補助の対象となる人は、精神上の障害によって判断能力が不十分な人です。判断能力の不十分さの程度は、後見や保佐より軽度な人を想定しています。自分で契約などはできるものの、判断能力が不十分であるために、適切な判断が下せるかどうかという点については心配であるような場合で、誰かに手助けしてもらったり代理で行ってもらった方がよい状態にある人を対象としています。

　補助を必要とする人を支援するのは補助人です。補助人は、本人が審判の申立時に選んだ特定の法律行為についてのみ、同意権・取消権・代理権のうち本人が許可した権限を持つことができます。

■ 法定後見と任意後見における取消権と代理権 ……………………

		取消権	代理権
法定後見	成年後見人	日常生活に関するものをのぞくすべての法律行為	財産に関するすべての法律行為
	保佐人	民法13条1項所定の本人の行為について取り消せる	申立ての範囲内で審判によって付与される
	補助人	申立ての範囲内で審判によって付与される	申立ての範囲内で審判によって付与される
任意後見		なし	任意後見契約で定めた事務について

第4章　知っておきたい！　障害者をサポートする制度　225

3 任意後見制度の内容について知っておこう

本人が必要な判断能力を有しているうちに、契約で決めておく

● 任意後見制度とは

　任意後見制度は、将来自分の判断能力が不十分になったときに依頼する後見事務の内容と後見事務をまかせる相手を、本人が契約を結ぶ際に必要な判断能力を有しているうちに、契約で決めておく制度です。この契約を任意後見契約といいます。後見事務を行うことを引き受けてくれる人のことを**任意後見受任者**といい、本人が任意後見契約を結ぶ相手となります。

　「将来認知症になって判断ができなくなった場合にどうすればよいか」と不安に思う人が、「将来の不安に今のうちに備えておこう」と考えた場合に、利用できるのが任意後見制度です。

　任意後見制度の場合、自分で判断ができるうちに任意後見契約を結び、自分の状況が認知症かもしれない、と思った時に家庭裁判所に申し立てをして任意後見監督人の選任をしてもらう、といった流れになります。判断能力の状態については、自分でわかる場合だけでなく、配偶者や子などが判断して申立てを行う場合もあります。任意後見監督人は、本人が選んだ任意後見人がきちんと仕事をしているかチェックする人です。

　任意後見契約を結ぶ場合、任意後見人を誰にするか、そしてどこまでの後見事務を委任するかといった内容については自由に決めることができます。自由に決めることができるのですが、その例外として、たとえば、結婚や離婚、養子縁組など、誰かが代理して行うのではなく自分自身が行う必要があるものについては、委任することはできません。

任意後見制度は、支援してくれる人を自分で決められることと、将来を見越して事前に準備ができる点で、法定後見制度とは大きく異なります。

　任意後見制度も法定後見制度と同様に、判断能力が衰えた場合に誰かに財産管理をゆだねることになりますから、しっかりとチェックする人は必要となります。任意後見制度の場合には、本人があらかじめ選んでおいた任意後見人を家庭裁判所が選任した**任意後見監督人**がチェックします。

　また、任意後見人は、任意後見受任者がなるのが原則ですが、実際に任意後見が開始されるときに、任意後見人にふさわしくないと家庭裁判所で判断された場合には、任意後見は開始されません。

　このように、後見内容は本人と任意後見受任者との間で自由に決められますが、実際に後見の開始申立てが行われた時点で、任意後見受任者が任意後見人にふさわしいかどうかを家庭裁判所が判断し、任意後見監督人を選任するという形で本人の保護を図っています。

■ 任意後見契約の効力が生じるしくみ

| 任意後見契約締結 | -------- 任意後見契約の効力＝未発生 |

↓（本人と任意後見受任者の間で締結）

本人の判断能力の低下

↓

任意後見監督人選任の申立て

↓（任意後見受任者などによる申立て）

| 任意後見監督人の選任 | -------- 任意後見契約の効力＝発生 |

Point
・任意後見契約を結んだだけでは効力は生じない
・本人の判断能力が低下しただけでは任意後見契約の効力は生じない
・任意後見監督人が選任されてはじめて任意後見契約の効力が生じる

第4章　知っておきたい！　障害者をサポートする制度　**227**

4 後見人等を監視する制度もある

本人に不利益がないか監督する成年後見監督人と任意後見監督人

● 成年後見監督人とは

　家庭裁判所に選任される成年後見人等は、同意や取消・代理といった法律行為を通じて本人を支援します。成年後見人等に与えられた権限は本人を支援するためのものですが、適切に行使されない場合には、本人に不利益が生じてしまうおそれがあります。このため、成年後見人等の活動状況をチェックする人が不可欠になります。

　成年後見人等を監督するのは、通常は家庭裁判所です。家庭裁判所以外では、成年後見監督人・保佐監督人・補助監督人が成年後見人等の活動を監督する役割を担います。成年後見人を監督する人が成年後見監督人、保佐人を監督する人が保佐監督人、補助人を監督する人が補助監督人で、あわせて成年後見監督人等と総称します。

　成年後見監督人等は、本人や本人の四親等内の親族、成年後見人等の申立てを受けて選任されます。家庭裁判所の職権で選任されることもあります。

　一度成年後見監督人等になると、辞任するには家庭裁判所の許可が必要となります。家庭裁判所が許可するのは、辞任に正当な事情や理由がある場合に限られます。たとえば、遠隔地に転勤になった場合や高齢になった場合で職務を果たすことができないような場合です。

● 成年後見監督人の仕事

　成年後見人等の職務遂行状況を把握するため、成年後見監督人等は、成年後見人等に対して定期的な報告や必要な資料の提出を求めます。そして不正な行為を見つけた場合には、家庭裁判所に成年後見人等の

解任を申し立てることができます。

　不正な行為とは、本人の財産を横領した場合や、私的に利用した場合の他、違法行為や社会的に非難されるような行為のことです。

　成年後見人等の行いが、成年後見人等として不適格だと判断できるほどに著しく悪いような場合で、本人の財産管理をそのまま続けさせるのが危険だと判断した場合も解任の申立てを行うことができます。また、成年後見人等が権限を濫用したり、財産管理の方法が不適当だと思われる場合、任務を怠った場合も、解任の申立てを行うことができます。

　成年後見監督人が判断するのは、本人の財産の管理についてだけではありません。成年後見人等が死亡した場合や破産手続開始決定を受けた場合には、すぐに成年後見人等の後任者を選任するように家庭裁判所に申し立てなければなりません。緊急時には、成年後見人等に代わって必要な職務を行うことも成年後見監督人等の職務です。本人と成年後見人等の利益が相反する状況になった場合には、成年後見監督人等は成年後見人等に代わって、本人のために行為をします。

　成年後見監督人等は、成年後見人等が本人の意思を尊重しているか、本人の身上監護を適切に行っているかについてもチェックします。

◉ 任意後見監督人の選任は必ず行う

　任意後見制度で任意後見人を監督する人のことを、任意後見監督人

■ 成年後見監督人等の選任と辞任 ……………………………………………

	成年後見監督人等の進退	基 準
選 任	家庭裁判所が必要があると認めたとき	本人との利害関係の有無・適性の有無
辞 任	家庭裁判所の許可が必要	正当な事由の有無

第4章　知っておきたい！　障害者をサポートする制度　**229**

といいます。任意後見契約では、任意後見監督人が選任されなければ、任意後見契約の効力は生じないしくみになっています。

任意後見制度では、本人と任意後見受任者との間で事前に任意後見契約が結ばれます。任意後見契約の内容を実行すべきタイミング（本人の判断能力の低下など）が来たら、任意後見監督人選任の審判の申立てがなされます。申立てを受けた家庭裁判所は、候補者が任意後見監督人としてふさわしいかどうかを、本人の状況や本人との利害関係などさまざまな事情を考慮して判断します。

◉ 任意後見監督人の仕事とは

任意後見監督人の職務のメインは、任意後見契約で定められた後見事務の内容を任意後見人が適切に行っているかどうかを監督することです。任意後見監督人は任意後見人の仕事の状況を把握するために、任意後見人の職務内容や遂行状況についての報告を求めることができます。さらに、任意後見人の仕事の状況や本人の財産状況について、調査することもできます。なお、任意後見人の職務内容に本人の財産管理が含まれている場合には、その財産管理の状況について厳重にチェックを行います。具体的には、支出の内容や計算状況まで調べます。任意後見監督人はこのようにして得た任意後見人の職務遂行状況を定期的に家庭裁判所に報告します。

■ 任意後見監督人の選任と辞任 ………………………………………

	任意後見監督人の進退	基　準
選　任	必須	本人との利害関係の有無・適性の有無
辞　任	許可が必要	正当な事由の有無

5 法定後見制度の申立手続きについて知っておこう

本人の保護の程度で利用する制度を選ぶことができる

◉ 法定後見制度の手続きの流れ

　本人の判断能力が不十分である等の理由から法定後見制度を利用する場合、家庭裁判所に後見等開始の審判の申立てを行います。

　申立をする時には、あらかじめ必要な書類を用意しておきます（次ページ）。

　申立ての当日に、家庭裁判所調査官は申立人と成年後見人等の候補者から事実関係を確認します。この際に、本人の状況を生活や財産面、判断能力の面などから確認します。申立時に立てられた成年後見人等の候補者についての判断も行われます。

　後見や保佐の場合には、本人の精神状況についての医師等による精神鑑定が行われます。

　親族の意向についても確認をします。具体的には、申立内容や成年後見人等の候補者を親族に書面で伝えて確認します。

　可能な場合には家庭裁判所で本人調査を行い、本人の意向を確認します。本人が家庭裁判所に出向けない場合には、本人のところに裁判所の担当者が出向きます。

　家庭裁判所は、鑑定・親族への意向照会・本人調査の結果から、内容について検討、判断します（審理）。

　審理を経て、結論を出した家庭裁判所は、その審判内容を申立人と成年後見人等に送ります（審判書謄本の送付）。

　審判では、申立書に書かれている成年後見人等の候補者がそのまま選任されることが多くあります。ただ、場合によっては候補者ではなく司法書士や弁護士が選任されることもあります。

第4章　知っておきたい！　障害者をサポートする制度　**231**

裁判所から審判書謄本を受領してから、異議もなく2週間経過すると、審判が確定します。審判が確定すると、法定後見が開始され、法務局に法定後見開始の事実についての登記がなされます。

● 申立てに必要な書類

　まず、申立てを行う際に提出する申立書が必要です。申立書には本人の状況をはじめとする申立ての概要を記します。申立書は定型の書式で、家庭裁判所で無料配布しています。後見の場合には、「後見開始申立書」、保佐の場合には、「保佐開始申立書」、補助の場合には「補助開始申立書」を作成します。

　この申立書を補充する書類も可能な限り添付します。添付種類とは、たとえば、申立事情説明書、後見人等候補者事情説明書、財産目録、親族関係図などがあり、各家庭裁判所で用紙が用意されています。

　本人に関する書類としては、戸籍謄本・戸籍の附票・登記事項証明書（成年後見登記についてのもの）・診断書が必要です。本人以外の人が申立てを行う場合、申立人の戸籍謄本も必要です。成年後見人等の候補者がいる場合には、候補者の戸籍謄本・住民票・身分証明書・登記事項証明書（成年後見登記についてのもの）が必要となります。登記事項証明書は、不動産登記についても「登記事項証明書」という名称のものがありますが、この場合はもちろん、成年後見登記についての証明書のことです。法務局が発行する後見開始の審判等をすでに受けていること、あるいは受けていないことを証明するものです。

　候補者の身分証明書は、候補者の本籍地にある役所が発行する証明書で、破産手続開始決定などを受けていないことを証明できるものです。

　この他、家庭裁判所が判断する際に参考となりそうな資料がある場合には、審理を早く進めてもらうためにも添付するようにします。

　たとえば、本人の判断能力を判断するのに参考となる介護保険の保険証や障害者手帳、年金手帳などです。また、本人の財産状況の判断

に有効なものとしては、財産目録の他に、預金通帳や不動産評価証明書、不動産登記事項証明書、株券などが考えられます。

なお、それぞれのケースごとに必要となる書類は異なる場合があります。これに伴って費用も変わってきますので、詳しい内容については申立てを行う家庭裁判所に聞いてみるとよいでしょう。申立時に必要となる費用は、図のようになっています。また、費用の負担が困難な場合には、扶助を受けることができます。具体的には、民事法律扶

■ 申立てに必要な書類と費用 ……………………………………………

書 類

- 申立書及び申立事情説明書
- 親族関係図
- 本人の財産目録及びその資料
- 本人の収支状況報告書及びその資料
- 後見人等候補者事情説明書
- 同意書
- 本人・後見人等候補者の戸籍謄本
- 本人・後見人等候補者の住民票
- 本人の登記されていないことの証明書
- 診断書（成年後見用）、診断書付票
- 愛の手帳の写し
  ※任意後見人の場合は以下の書類も必要です。
- 任意後見契約書の写し及び登記事項証明書

費用等

- 収入印紙（申立手数料 --- 1件につき800円）
- 収入印紙（2600円。任意後見監督人選任申立ては1400円）
- 郵便切手（3200円（後見の場合）または4100円
  （保佐・補助の場合）円分）
- 鑑定料5〜10万円程度

※上記は東京家庭裁判所のものです。支部により若干異なりますので、詳しくは直接申立てを行う家庭裁判所に確認してください。

第4章　知っておきたい！　障害者をサポートする制度　　**233**

助といって、資力が乏しい場合に、法律相談や裁判費用、司法書士・弁護士に支払う費用の立て替えをしてもらうことができる制度です。

◉ 審判の手続きについて

　申立人の後見（保佐・補助）開始の申立てを受け付けた家庭裁判所は、まずその申立に番号をつけます。「令和〇年（家）第〇〇〇〇〇号」といった形式でつけるもので、事件番号と呼ばれます。家庭裁判所は個々の申立事案を事件番号で管理します。

　したがって、裁判所とのやりとりはすべてこの事件番号を頼りに行います。実際には問い合わせ時などに必要となります。

　事件番号とともに、申立事案の担当者が決まります。家庭裁判所の担当者を調査官といいます。以後、調査官が中心となって、申立事案についての事実関係や内容について調査を進めていきます。

　申立人・成年後見人等の候補者・本人は裁判所に出向いて調査官から質問を受けます。本人が出向くことができない場合には、調査官が本人のもとに出向きます。調査官は必要な場合には他の関係者から話を聞き、判断材料とします。直接会う場合もあれば、郵送でのやりとりで行う場合もあります。

　調査官の調査とは別に、家事審判官が事情を直接尋ねる審問を行う場合もあります。家事審判官とは、家事審判法が定めている事柄を家庭裁判所で取り扱う裁判官のことです。審問は、必ずしも開かれるものではなく、調査官が本人の意向を確認する場合もあります。

　関係者の調査や審問とは別に、精神鑑定が行われます。鑑定は必要な場合に行われるもので、補助などでは診断書だけで足りることもあります。家庭裁判所は、医師から提出された鑑定書と裁判所の調査・審問結果から、最終判断を下します（審判）。審判の内容と申立内容が異なることもあります。この場合は、別途調整がなされることもあります。

6 障害をもった人が生活保護を受けるには

支援制度で足りなければ生活保護の申請をする

● 身体障害、知的障害、精神障害で認定方法が違う

　生活保護制度は、自分の財産や親族の援助、他の法律による支援をすべて利用しても、なお生活に困窮している場合に足りない部分を補う制度です。したがって何らかの障害がある場合、生活保護を受ける前に、障害者の認定を受け、障害年金を利用することを考えます。

　障害者認定を受けるときには、身体障害、知的障害、精神障害で方法がそれぞれ異なります。身体障害と知的障害は、福祉事務所の担当窓口を通して、身体障害者手帳や療育手帳（都道府県によっては「愛の手帳」や「緑の手帳」など別の名前で呼ばれている場合もある）の交付を申請します。精神障害は、保健所（自治体によっては市区町村の窓口）で、障害者保健福祉手帳の交付を申請します。

　生活保護の申請をする場合、居住地を管轄する福祉事務所で手続きを行います。申請から受給決定までの手続きの流れは237ページの図のとおりです。

● 障害者加算とは

　生活保護の基準額を計算するにあたり、出費の増加が見込まれる特別な状況にある場合には、基準額を加算する制度があります。

　加算制度には妊産婦加算、障害者加算、介護施設入所者加算、在宅患者加算などがあります。

　このうちの障害者加算は、障害の程度別に加算額（障害者加算、重度障害者介護加算、重度障害者家族介護料など）が定められており、重度の障害者にはさらに加算があり、在宅か入院・入所をしているか

によっても加算額が異なります。日常生活のすべてに介護が必要な場合、特別介護料もさらに加算されます。世帯の構成員が介護しているか、介護人を依頼しているか、などで加算額は異なります。

◉ 収入のある場合はどうする

実際に支給される生活保護費の額は、世帯の状況に応じて算出した基準生活費から、収入分を差し引いた金額になります。収入がある場合には、すべて申告をしなければなりません。申告した収入すべてが差し引かれるわけではなく、就労によって得た賃金のうち、一部は控除されて手元に残ります。慶弔金などの臨時収入は、収入認定されず全額手元に残ります。年金や障害者手当、親族などからの仕送りは通常全額収入とされますが、一部収入とされない手当もあります。

◉ 医療費制度との関係はどうなる

生活保護を受けている場合、医療費の自己負担分は医療扶助で原則として全額まかなわれます（収入がある場合、一部自己負担となることもあります）。

ただし、利用できる他の医療費助成制度があれば、まずはそちらを利用することになっています。医療費助成制度の種類によって、生活保護の受給者を対象にするものとしないものがありますが、いずれにしても生活保護の受給が決まったことの届け出は必要です。

■ 加算制度 ……………………………………………………………

出費の増加が見込まれる特別な状況	加　算	生活保護費

障害者加算
障害の程度・在宅、入院、入所により加算額が異なる

■ 生活保護申請から決定までの流れ

福祉事務所に行く	●市区町村役場や福祉事務所（市区町村役場内にあることが多い）に行き、生活に困っていることを伝える
面接相談	●相談員（ケースワーカーなど）により面接相談が行われる ●現在の生活状況や、収入や資産の状況などを伝え、他に利用できる制度はないか、今後の生活をどうしたらよいかなどを話し合う
申請受付	●生活保護を申請するしか方法がないと判断されたときには、保護の申請をすることになる
資力調査（ミーンズテスト）	●申請に基づいて、ケースワーカー（現業員）が世帯の収入や資産の有無やその程度、扶養義務者から援助が受けられるかどうかなどを調査する
保護の要否判定	●調査に基づいて、申請者に保護が必要かどうかの判定を行う
保護の決定	●福祉事務所は、保護の必要がある時は生活保護の適用を決定し（保護の決定）、保護の必要がない時は申請却下を決定する 福祉事務所の決定に不満がある申請者は、通知を受け取った日から3か月以内に知事に対して審査請求ができる
生活保護費の受給	●生活保護の適用が決定されると、通常は窓口に来所するように指示され、その場で第1回目の保護費が渡される ●保護受給中は定期的に担当のケースワーカーの家庭訪問がある
受給後の生活	●生活の維持向上や健康の保持増進に努める ●収入や支出その他の生計の状況を適切に把握する

◉ 相談や申請手続きではどんなことを知っておくべきか

　生活保護の申請は市区町村の福祉事務所で行います。福祉事務所の相談窓口へ相談に行く際には、自分が困っている状況を示すためのメモや書類をできる限り用意して行きましょう。具体的には障害認定の書類や、年金・手当に関する書類、医療証などです。

　一人で相談するのが不安な時は、信頼できる第三者に同行してもらいましょう。相談時同席を断られることも多いかと思いますが、慌てずに同席してもらいたいという意思を伝えるようにします。

　同居の親族などによる申請も認められています。親元にいた障害者が生活保護を受けて一人暮らしを始めようとする場合などには、親を相談窓口へ連れてくるように言われることがあります。相談を受ける担当者としては、親族から今までの状況や今後の援助の意思などについて聞いておきたい、という考えがあると思われますが、親を連れてくる必要性に疑問を感じる場合には、担当者にはっきりと理由の説明を求めるとよいでしょう。

　弁護士による代理申請も認められているので、場合によっては相談してみるのもよいでしょう。

◉ 障害者総合支援法、介護保険と生活保護の関係は

　障害者総合支援法では、障害者の医療費について、1割を自己負担として支払わなければならないしくみがとられています。また、食費の実費負担も必要となりました。ただし、これらの実費負担については、生活保護世帯に関しては、負担は0円となっています。

　生活保護を受けていて、介護保険の被保険者であった場合、介護保険の給付対象となるサービスに関しては、介護保険を生活保護の介護扶助よりも優先して適用することになっています。

　介護保険に加入できない場合には、介護扶助で支給されます。

7 手当や税金面の軽減について知っておこう

各市町村や税務署などで具体的な内容や措置を確認するとよい

● 特別障害者手当

　特別障害者手当は、重度の障害によって、日常生活において特別な介護が必要である人（20歳以上）に支給されます。月支給額は2万7200円（2019年4月以降）です。前年度の収入額により、受け取ることのできる支給額に制限があります。

　特別障害者手当の支給を受けるためには、市区村町の窓口に申請する必要があります。申請が認められれば、原則として毎年2月、5月、8月、11月に、それぞれの前月分までが支給されます。

● 障害児福祉手当

　障害児福祉手当は、重度の障害によって、日常生活において特別な介護が必要である20歳未満の人に支給されます。月支給額は1万4790円（2019年4月以降）です。特別障害者手当と同じく、前年度の収入額により、受け取ることができる支給額に制限があります。

　障害児福祉手当の支給を受けるためには、住んでいる場所の市区村町に申請する必要があります。その際、所得状況が確認できる書類を提出する必要があります。

● 特別児童扶養手当

　特別児童扶養手当は、20歳未満で、精神や身体に障害を持っている児童をかかえている両親などに支給されます。月支給額は、特別児童扶養手当1級が5万2200円、2級が3万4770円です（2019年4月以降）。前年度の収入額により、受給額に制限があります。

第4章　知っておきたい！　障害者をサポートする制度　　**239**

特別児童扶養手当の支給を受けるためには、市区村町の窓口に申請する必要があります。申請が認められると、原則として毎年4月、8月、12月に、それぞれの前月分までが支給されます。

● 心身障害者福祉手当

　身体障害者手帳、療育手帳（東京都では「愛の手帳」）をもっている人などを対象にして支給されるのが心身障害者福祉手当です。各市町村で設けられている心身障害者福祉手当は自治体ごとに要件や内容が異なる可能性があるため、確認する必要があります。たとえば、東京都新宿区では、身体障害者手帳1～3級、愛の手帳1～4度、戦傷病者手帳特別項症～2項症、脳性まひ・進行性筋萎縮症の人、区指定の難病の人を対象に支給されます。心身障害者福祉手当の支給を受けるためには、各市区村町の窓口で申請する必要があります。

● 重度心身障害者手当

　重度心身障害者手当は、東京都の条例で定められており、心身に重度の障害があるために、常時複雑な介護を必要とする人に対して支給されます。東京都の区域内に住んでおり、心身に重度の障害がある人が対象で、支給額は月額6万円です。重度心身障害者手当の支給を受けるためには、心身障害者福祉センターで障害の程度の判定を受ける必要があります。その判定の結果に基づいて、手当が支給されるかどうかが決まります。また、東京都以外でも、個別の条例で重度心身障害者の介護手当の支給を定めている地方自治体があります。

● 国税の特例

　身体障害者手帳に身体障害者として記載されている人、精神保健指定医により知的障害者と判定された人、精神障害者保健福祉手帳の交付を受けている人などは、税の軽減や優遇を受けることができます。

所得税の納税者本人が障害者である場合、障害者控除として27万円を所得金額から差し引くことができます。特別障害者と同居している人は、通常の控除額に75万円を加算した額を所得金額から差し引くことができます。また、戦傷病者、原爆被爆者なども税の軽減や優遇を受けることができます。

● 地方税の特例

　国税だけでなく、地方税についても特例が用意されています。

　まず、前年所得125万円以下の障害者は、住民税を免除されます。また、住民税の納税者本人が障害者である場合、障害者控除として26万円を所得金額から差し引くことができます。障害者が特別障害者（重度の知的障害者や身体障害者福祉法に基づく障害等級の程度が1級・2級の身体障害者など）の場合には、差し引く金額（控除金額）が30万円となります。なお、特別障害者と認定された配偶者と同居している人については、所得金額から53万円が控除されます。

■ 障害者に適用される税の軽減措置

	具体的な軽減措置
国税の軽減措置	・所得税の障害者控除 ・心身障害者扶養共済制度に基づく給付金の非課税 ・相続税の障害者控除 ・特別障害者に対する贈与税の非課税
地方税の軽減措置	・一定の所得を下回る場合の住民税の非課税 ・住民税の障害者控除　　・自動車税の減免制度

8 障害年金はどんなしくみに なっているのか

基礎年金・厚生年金の2種類があり、障害の程度に応じて支給される

● 障害年金の全体構造

　障害年金は、病気やケガで障害を負った人（若年者も含む）に対して給付される年金です。障害年金には障害基礎年金と障害厚生年金の2種類があります。国民年金の加入者が障害を負った場合は障害基礎年金を受給でき、厚生年金加入者の場合は上乗せ支給があり、障害基礎年金に加えて障害厚生年金が受給できます。

　障害年金には、老齢年金より給付の条件が緩い面がある点が大きな特徴です。障害の度合いによっては2階部分、つまり障害厚生年金だけを受け取ることができる場合があります。

　障害基礎年金は、障害等級1級か2級に該当する状態にないと受給できないのに対し、障害厚生年金には1級・2級に加え3級や、一時金である障害手当金の制度があります。そして、障害等級1級・2級に該当する場合は障害基礎年金が支給され、さらに厚生年金保険に加入していた場合は、障害厚生年金が上乗せして支給されます。

　そのため、基礎年金が受給できなければ上乗せ部分である厚生年金も受け取れない老齢年金とは異なり、障害等級1級、2級に該当せず、障害基礎年金を受給できない場合でも、厚生年金の加入者であれば3級の障害厚生年金や障害手当金を受給できる可能性があります。障害を負う前に国民年金か厚生年金保険のいずれかに加入しているかで、受け取ることのできる障害年金の内容がまったく異なるわけです。

　なお、障害基礎年金と障害厚生年金の障害等級（1級または2級）は、同じ基準となっています。障害年金は、そもそも同一の障害に対する保障であるため、実際に認定がなされた場合に該当する等級も必

ず一致します。また、以前は公務員や私立学校における教員などを対象とした共済年金制度における障害共済年金もありましたが、共済年金制度そのものが厚生年金制度と一元化されたため、2015年10月以降に障害共済年金の請求を行った場合は、障害厚生年金の支給がなされることになっています。

◉ 先天性・後天性障害でどんな年金を受け取れるのか

先天性の障害は、生まれた時点で発生している障害のことです。当然ながら保険料の納付は行っていない状態で障害を抱えることになるため、年金を請求することを躊躇するケースがありますが、このような場合でも障害基礎年金の請求を行うことが可能です。2級以上の障害等級に該当した場合は20歳の誕生日を迎えた時点で年金を受け取ることができます。

この制度を二十歳前傷病の障害年金といいます。ただし、この制度で適用されるのは障害基礎年金のみであり、障害厚生年金を受給することが可能になるのは、初診日が20歳以降であり、厚生年金に加入する必要がある点に注意しなければなりません。生まれつきの障害であるために初診日の証明が取れない場合などは、「第三者証明」を活用

■ 障害年金制度のしくみ ……………………………………………

障害等級	国民年金	厚生年金保険
1級	障害基礎年金 子の加算	障害厚生年金 配偶者の加給年金
2級	障害基礎年金 子の加算	障害厚生年金 配偶者の加給年金
3級		障害厚生年金

第4章 知っておきたい！ 障害者をサポートする制度　**243**

することで未成年時の初診日証明に代わるものとすることができます。

　第三者証明とは、20歳前より患っている障害にまつわる初診日を確認することができない場合に、初診日と想定されるその当時の障害状態を把握している複数人の第三者に、障害状態の証明をしてもらうことです。

　第三者とは、病院の関係者や介護施設における施設長、勤務先の事業主や近所の人などが挙げられます。なお、障害年金の請求者本人やその生計同一者（三親等以内の者）は第三者にあたらないため、第三者証明を行うことはできません。

　ただし、先天性の知的障害を抱える人の場合、初診日を証明する必要はありません。

　また、後天性の障害の場合も、年齢に応じて請求ができる年金の内容が異なります。20歳になるまでの間に初診日が該当する障害に対しては、「二十歳前傷病の障害年金」が適用され、障害等級に該当すれば障害基礎年金の請求が可能です。そして、20歳を超えた際に初診日があり、厚生年金に加入している場合は、要件に該当すれば障害厚生年金を受け取ることができます。

　なお、二十歳前傷病の障害年金には所得制限が設けられています。一定の所得を超えた場合、障害等級の上下にかかわらず年金が半額、または全額停止される場合があります。具体的な所得金額は、2人世帯の家庭で所得の金額が3,984,000円を超過する場合は年金の半額が停止され、5,001,000円を超過する場合は年金が全額停止されます。

● 障害年金の病気やケガとはどんな程度なのか

　障害の程度は、医療機関で診断された病名にかかわらず、その人が負っている「障害の内容」に応じて支給が決定されます。

　具体的な傷病とは、精神疾患・肉体的な疾患を問いません。先天性・後天性ともに問いません。先天性としては、脳性まひや染色体疾

患ダウン症候群、フェルニケトン尿症、先天性風疹症候群、発達障害などが挙げられます。後天性の障害には、精神疾患である統合失調症や、肉体的疾患である高次脳機能障害や脳梗塞や脳出血の後遺症、ガンなど、その種類は幅広いものがあります。

ただし、精神疾患に該当する不安障害・パニック障害・人格障害などの「神経症」は障害年金の対象外とされているため、注意が必要です。

◉ 障害等級は何に定められているのか

障害等級を認定する基準には、政令で定められた「障害等級表」と客観指標である「障害認定基準」の２種類があります。なお、障害等級表の等級は、障害のある人が申請することで入手することが可能な障害手帳に記載されている等級とはまったく別のものであるため、注意が必要です。したがって、障害手帳を持っていなくても年金を受け取ることが可能です。逆に障害手帳の等級が１級でも必ずしも年金を受け取れるわけではありません。

障害基礎年金は障害等級１〜２級、障害厚生年金は障害等級１〜３級に該当した場合に支給されます。そのため、障害等級１級・２級に該当する障害の状態は国民年金法施行令別表に、３級に該当する障害

■ 障害の程度 ··

重い障害 （1級障害）	やや重い障害 （2級障害）	やや軽い障害 （3級障害）	軽い障害 （一時金）
常時介護を 要する人	常時ではないが 随時介護を 要する人	労働が著しく 制限を受ける人	聴力や視力、 言語に障害が あるなど生活に 制限を受ける人
1級障害基礎年金 1級障害厚生年金	2級障害基礎年金 2級障害厚生年金	3級障害厚生年金	障害手当金

第4章　知っておきたい！　障害者をサポートする制度　**245**

の状態は厚生年金保険法施行令別表第1に、それぞれ規定されています。また、障害手当金の障害の状態については、厚生年金保険法施行令別表第2に規定されています。

おおよその程度としては、1級に該当した場合は、ほぼ寝たきりで日常生活に支障をきたしている場合とされています。一方、2級の場合は、何とか日常生活をこなす程度であり、外出が厳しい状態です。また、3級の場合は、就労することが難しい、あるいは就労内容が制限されてしまう状態のことをいいます。

◉ 世帯収入や本人の収入によって上限はあるのか

障害年金は、年齢・障害等級・保険料納付の3つの要件を満たしていれば受給することが可能な年金です。世帯単位である程度の収入がある場合でも関係なく受け取ることができます。したがって、就労する親や配偶者、子供と同居しており、たとえその世帯全体が高収入の場合でも、障害年金の支給が可能です。

ただし、生まれもった障害である場合や、20歳未満で障害を負った場合は、「二十歳前傷病の障害年金」に該当します。この二十歳前傷病の障害年金は保険料の支払いを行っていないため、その本人による所得に応じて年金の支給が制限されます。あくまでも本人の収入額であり、家族のものではないことに注意が必要です。たとえば、先天性の場合などで本人に収入がない場合は、障害等級に応じて満額の障害年金を20歳以降に受け取ることができます。

また、1991年3月までに国民年金任意加入期間がある学生や1986年3月までに国民年金任意加入期間がある労働者の配偶者で、当時任意加入していなかったために障害基礎年金等を受給していない人は「特別障害給付金制度」の対象となるため、障害年金の所得が制限されます。

246

9 障害基礎年金のしくみと受給額について知っておこう

初診日・障害等級・保険料納付の要件に該当すれば請求できる

● どんな場合に障害基礎年金を受給できるのか

障害基礎年金は、原則として次の３つの要件をすべて満たしている場合に支給されます。

① 病気やケガを負い、医療機関で診察を最初に受けた日である（初診日）に国民年金に加入していること。または、過去に国民年金の加入者であった60歳から65歳の人で、日本国内に在住していること

② 初診日から１年６か月を経過した日、または治癒した日（障害認定日）に障害等級が１級または２級に該当すること

③ 初診日の前日に保険料納付要件を満たしていること

なお、③の保険料納付要件とは、初診日の月の前々月までに国民年金の加入者であったときは、全加入期間のうち保険料の納付期間と免除期間が３分の２以上を占めることをいいます。

● ３つの要件についての注意点

障害基礎年金をもらえる人は、国民年金の加入者か老齢基礎年金をまだ受け取っていない60〜65歳の人で、障害等級が１級か２級と認定され、さらに国民年金の保険料の滞納が３分の１未満の人ということになります。

障害年金制度に年齢要件が設けられているのは、他の年金と重複しないようにするためです。年金は国民の生活保障のために支給されるものであるため、一人あたり１つの年金が支給されます。たとえば、65歳を迎えた場合、支給要件を満たす国民であればすべてが老齢年金の支給対象者となります。したがって、障害基礎年金には65歳未満と

第4章　知っておきたい！　障害者をサポートする制度　**247**

いう要件が存在します。

　また、③の保険料納付要件に関する規定では、特例として初診日が2026年3月31日以前の場合、初診日の月の前々月までの直近1年間に保険料の滞納がなければ受給できることになっています。ただし、初診日が基準となるため、病気やケガで診察を受けて、障害が残りそうだということで慌てて滞納分を払いに行っても、時すでに遅しで、給付対象にはなりません。

　②の障害認定日において認定が必要な等級は、障害基礎年金の場合は障害等級が1級または2級、障害厚生年金の場合は障害等級1級または2級、3級が必要であることにも、それぞれ注意が必要です。障害等級に該当する障害には、肉体的な障害に加え、精神障害も含まれます。

　なお、「治癒した」とは、一般的なイメージで言う「治る」とは異なり、症状が固定し、障害の原因になる病気やケガの治療行為が終わることです。「完治した」という意味ではありません。

● 納付する保険料額について

　障害基礎年金が支給されるための要件のひとつとして、保険料納付要件が挙げられます。これは、国民年金第1号被保険者または任意加入被保険者の場合は国民年金保険料を支払った期間、第2号被保険者の場合は厚生年金保険料を支払った期間で判断されます。

　第3号被保険者の場合は2号被保険者の被扶養者であるため保険料の納付は不要です。国民年金保険料は、2019年度の場合は毎月16,410円です。厚生年金保険料の場合は、収入に応じて定められた標準報酬月額に該当する金額となります。つまり、所得の金額に比例して保険料額が増減する点に注意が必要です。

● 障害基礎年金の受給額

　障害基礎年金は、加入期間の長短に関係なく障害の等級によって定額になっています。

　支給額については一定期間ごとに見直しが行われており、2018年度の基準からは、1級が年額97万4,125円（2級の125％にあたる）、2級が年額77万9,300円（老齢基礎年金の満額と同額）です。それに加えて18歳未満の子（または一定の障害をもつ20歳未満の子）がいる場合は、子1人につき22万4,300円（3人目からは7万4,800円）が加算されます。

　いずれの場合も、障害認定日から障害に該当する限りは一生涯にわたり支給されます。

■ 障害給付の保険料納付済期間 ……………………………………

原則

20歳

初診日 ▼

| 保険料
納付済期間 | 滞納期間 | 保険料
免除期間 | 保険料
納付済期間 |

初診日がある
月の前々月 ▲

保険料納付済期間＋保険料免除期間がこの期間中の
3分の2以上であること

特例　※初診日が2026年3月31日までにある

20歳

初診日 ▼

┌─── 1年間 ───┐

| 滞納期間 | 保険料
免除期間 | 保険料
納付済期間 |

初診日がある
月の前々月 ▲

この期間中滞納が
なければよい

第4章　知っておきたい！　障害者をサポートする制度　**249**

10 障害厚生年金のしくみと受給額について知っておこう

厚生年金の加入者が受け取ることのできる年金である

● どんな場合に障害厚生年金を受給できるのか

　障害厚生年金は、厚生年金保険による生活保障年金です。支給要件については、障害基礎年金と同じ内容となっています。そして、障害厚生年金を受給するには下記の要件に該当する必要があります。

① 厚生年金へ加入している期間中に初めて医師の診療を受けた初診日が該当していること

② 障害等級に該当する障害を抱えていること

③ 初診日前日の時点で、以下のいずれかの保険料納付要件を満たしていること

　ⓐ 初診日のある月の2か月前までの公的年金加入期間のうち、3分の2以上の期間は保険料が納付または免除されていること

　ⓑ 初診日に65歳未満の者であり、初診日のある月の2か月前までの1年間に、保険料の未納期間が含まれていないこと

● 要件についての注意点

　障害厚生年金は、厚生年金の加入者を対象とした年金であるため、先天性の障害を抱える場合は原則として支給の対象にはなりません。

　ただし、先天性の障害であっても、実際に詳しい障害が判明するのが年を重ねた時点になる場合があります。たとえば、先天性の股関節脱臼を抱えている場合でも、実際には成人になってから痛みなどで生活に支障をきたすケースなどが挙げられます。

　この場合、実際に痛みを感じて医師の診察を受けた初診日の時点で厚生年金へ加入している事実があれば、たとえ痛みの原因が先天性の

障害であっても障害厚生年金の請求が可能となる場合があります。

なぜなら、障害年金の初診日の概念は医学的なものとは異なるため、医師が「先天性である」と医学的見解で判断を行ったとしても、障害年金の支給要件としての見解では初診日の時期が違うケースがあるためです。

◉ 納付する保険料額について

障害厚生年金を受給するためには、厚生年金へ加入し、厚生年金保険料を納付する必要があります。

実際の金額は、31等級に分類された標準報酬に、保険料率を掛けて計算します。保険料率は、2017年9月からは18.3%に固定されています。ただし、原則として厚生年金保険料は被保険者と事業所で折半して納付するため、実際に支払う場合は上記の金額を2で除した金額となります。

◉ 障害厚生年金の受給額

障害厚生年金は、1級障害の場合は老齢厚生年金の1.25倍、2級障害の場合は老齢厚生年金と同一の金額が支給されます。

障害の程度や収入に応じた金額が支給されるのが原則となるため、障害厚生年金の支給額は、その人の障害の程度や収入に応じて異なった金額になります。

障害厚生年金の額を計算する場合、2003年4月以降の期間とそれより前の期間とで、計算方法が異なります（次ページ）。厚生年金保険への加入期間の長さも関係します（現役会社員で加入期間が300か月に満たない場合は、300か月の加入期間があったものとみなして支給額が算出されます）。

障害厚生年金の場合、障害基礎年金と異なり、子どもがいる場合の加算はありません。その代わり、1級2級の場合は受給権が発生した

第4章　知っておきたい！　障害者をサポートする制度　251

当時、その者により生計を維持していた65歳未満の配偶者がいる場合は加給年金額22万4,300円が加算されます。3級の場合は加給年金がありませんが、58万4,500円が最低保障額として定められています。

■ 障害給付の受給額

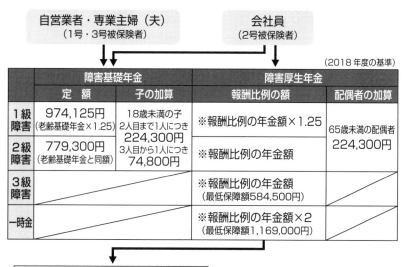

11 提出書類を用意するときに 気をつけること

診断書、受診状況等証明書、病歴・就労状況等申立書等が必要である

● どんな書類を提出するのか

　障害年金を請求するには、さまざまな書類を準備し、提出しなければなりません。たとえば、重要なものには年金請求書が挙げられます。年金請求書とは、年金をもらうための請求書のことです。年金は、すべて請求制度をとっているため、この請求作業を行わなければ受け取ることができません。年金請求書は、最寄りの年金事務所や役所で入手することが可能です。請求書は年金の種類によって異なるため、必ず障害年金を受給することを伝え、入手しましょう。受け取ったら、基礎年金番号や生年月日、氏名などの基本的情報の他、受取りを希望する口座番号や加算がある場合の対象者（加給対象者）などを記載して提出します。

　さらに、障害年金の請求には確実に必要となる受診状況等証明書や医師による診断書、病歴・就労状況等申立書の準備もしなければなりません。受診状況証明書は初診日を証明するための書類で、初めて受診した医療機関に作成を依頼します。これらの書類は、必ず直接取りに行く手筈を整え、その場で不備がないか確認することが重要です。診断書は、障害の具体的な内容について証明するための書類で、医師に発行を依頼します。病歴・就労状況等申立書は、請求する本人やその家族が、障害にまつわる具体的な状況を記載するための書類です。

　その他の書類としては、年金請求書に記載した個人番号、基礎年金番号や口座番号の証明となるものが必要です。具体的には、本人やその配偶者分のマイナンバーカード、年金手帳あるいは基礎年金番号通知書や預金通帳を準備します。また、申請日の6か月以内に発行され

第4章　知っておきたい！　障害者をサポートする制度　**253**

た戸籍謄本や住民票も準備をしておかなければなりません。加給対象者がいる場合は、配偶者の所得証明書や子の在学証明書、対象者の年金証書も必要です。また、申請日の6か月以内に発行された戸籍謄本や住民票も準備をしておかなければなりません。そして、加給対象者がいる場合は配偶者の所得証明書や子の在学証明書、対象者の年金証書も必要です。共済組合に加入していた期間がある場合は、その証明となる年金加入期間確認通知書も用意します。

■ 障害年金請求時の必要書類と手続き ……………………………

障害年金請求時の必要書類

必要書類	備　考
年金請求書	年金事務所、市区町村役場でもらう
年金手帳・基礎年金番号通知書	本人と配偶者のもの
病歴・就労状況等申立書	障害の原因となった病気・ケガなどについて記載する
診断書	部位ごとの診断書を医師に記入してもらう
受診状況等証明書	診断書作成の病院と初診時の病院が違うとき
戸籍抄本	受給権発生日以降、提出日の6か月以内。
住民票	子がいる場合は戸籍謄本世帯全員、省略なし
印鑑	認印（シャチハタは不可）
預金通帳	本人名義のもの
配偶者の所得証明書（または非課税証明書）	加給年金対象の配偶者がいるとき市区町村の税務課で発行
子の生計維持を証明するもの	加給年金対象の子がいるとき　在学証明書など
年金証書	本人、配偶者がすでに年金をもらっているとき
年金加入期間確認通知書	共済組合の加入期間があるとき

障害年金の手続き

初診日の年金加入状況		請求先
厚生年金		最後の会社を管轄する年金事務所
国民年金	第1号被保険者	市区町村役場
	第3号被保険者	住所地を管轄する年金事務所
20歳前に初診日がある場合		市区町村役場

※各地の年金相談センターでは、管轄を問わず受け付けてくれる

Column

社会福祉法人による障害者支援

　社会福祉法人とは、社会福祉法に基づいて、社会福祉事業を行うことを目的に設立された法人のことをいいます。社会福祉とは、障害者、高齢者、子どもなど、社会において弱い立場にある人々を支援することにより、社会全体の生活の質や環境の向上をめざすことを目的としています。支援の範囲は、教育・文化・医療・労働など、多岐にわたります。貧困、社会的な孤立、虐待、DVなど、さまざまな社会問題の解決に向けた取り組みを積極的に行っている法人です。

　社会福祉法人は、さまざまな障害者施設を運営することで、各地域において必要な障害者支援を行っています。たとえば、障害者総合支援法に定められた障害者支援施設、身体障害者福祉法に定められた身体障害者福祉センターや補装具製作施設、視聴覚障害者情報提供施設などを運営しています。

　社会福祉法人の特徴は、公益性を持っているとともに、営利を目的としていない（非営利性）点にあります。設立する場合は、行政庁による認可が必要です。税法上の優遇措置が受けられるというメリットがある反面、運営について行政から厳しい調査や指導が行われます。

　なお、過去に社会福祉法人のメリットを悪用する事業者が発生したことを背景として、2016年に社会福祉法の改正が行われました。事業運営の透明性を保つことや、適正・公正な財務管理を確保することなどを目的とした改正であり、経営組織のあり方にも大きく変更が加えられています。たとえば、2017年4月1日からは、社会福祉法人は評議員会を必ず置かなければならず、また、一定規模以上の法人の場合には、会計監査人も置く必要があります。さらに、定款や財務諸表などを公表して、事業運営の透明性を向上させるとともに、財務に関するルールを厳格化するために、役員報酬基準の作成と公表が義務づけられました。

【監修者紹介】
若林　美佳（わかばやし　みか）
1976年神奈川県生まれ。神奈川県行政書士会所属。平成14年行政書士登録。相武台行政書士事務所（平成22年2月に行政書士事務所わかばに名称を変更）を設立。病院勤務等の経験を生かし開業当初から、福祉業務に専念し、医療法人・社会福祉法人設立等法人設立を主要業務としている。また、福祉法務に関するエキスパートとして地域の介護支援専門員等との交流を深め、福祉ネットワークを組んでいる。介護保険分野では、多くの介護サービス事業所や特別養護老人ホーム設置等を手がけ、創業・運営についてコンサルティングも行っている。また、株式会社大樹苑の代表取締役に就任し、住宅型有料老人ホームの経営も行っている。
監修書に『介護ビジネス開業のための法律と実践書式46』『図解で早わかり　最新版　福祉の法律と手続き』『図解とQ&Aでスッキリ！　障害者総合支援法のしくみ』『介護保険・障害者総合支援法のしくみと疑問解決マニュアル129』『社会保障・介護福祉法律用語辞典』『介護施設の法律問題・施設管理マニュアル』『介護施設・高齢者向け住宅のしくみと疑問解決マニュアル』『四訂　福祉の法律と手続きがわかる事典』『障害者総合支援法と支援サービスのしくみと手続き』（小社刊）などがある。

行政書士事務所　わかば
http://www.mikachin.com/kaigoindex

事業者必携
障害福祉事業者のための
障害福祉サービスと申請手続きマニュアル

2019年6月30日　第1刷発行
2022年9月30日　第3刷発行

監修者	若林美佳
発行者	前田俊秀
発行所	株式会社三修社
	〒150-0001　東京都渋谷区神宮前2-2-22
	TEL　03-3405-4511　FAX　03-3405-4522
	振替　00190-9-72758
	https://www.sanshusha.co.jp
	編集担当　北村英治
印刷所	萩原印刷株式会社
製本所	牧製本印刷株式会社

©2019 M. Wakabayashi Printed in Japan
ISBN978-4-384-04813-1 C2032

JCOPY〈出版者著作権管理機構　委託出版物〉
本書の無断複製は著作権法上での例外を除き禁じられています。複製される場合は、そのつど事前に、出版者著作権管理機構（電話 03-5244-5088　FAX 03-5244-5089　e-mail: info@jcopy.or.jp）の許諾を得てください。